Peter Reifenberg (Hg.)

Sehnsucht nach Sinn

Peter Reifenberg (Hg.)

Sehnsucht nach Sinn

Hoffnung – Orientierung – Glauben

Verlag Josef Knecht
Frankfurt am Main

Originalausgabe

Gedruckt auf umweltfreundlichem,
chlor- und säurefrei gebleichtem Papier

Druck und Bindung: fgb · freiburger graphische betriebe 2003
www.fgb.de
Satz: Barbara Herrmann, Freiburg
Umschlaggestaltung: eberleundkaiser werbeagentur GmbH
Umschlagmotiv: Odilon Redon,
Die rote Barke in der Sonne, ohne Datum
Privatbesitz, Niederlande

ISBN 3-7820-0874-X

Inhalt

Vorwort

„Sehnsucht nach Sinn. Hoffnung – Orientierung – Glauben“, so hieß die Reihe von Vorträgen im Dom zu Mainz (2000/2001), die wir nun hier vorlegen können.

Die von der Akademie des Bistums Mainz zusammen mit Kardinal Karl Lehmann alljährlich geplanten Domvorträge bilden jeweils die Achse des Jahresprogramms des Erbacher Hofs.

Dieses Genre wurde nach dem Kriege an verschiedenen Orten mit bedeutenden Kathedralen von Karl Rahner SJ, Hans Urs von Balthasar sowie von Otto Semmelroth SJ begründet.

Der Mainzer Dom hat diese Tradition ohne Unterbrechung bis heute aufrecht erhalten.

Die Domvorträge stehen jeweils unter einem konzisen Thema, das einen aktuellen Bezug im Spannungsfeld zwischen Gesellschaft und Kirche herstellt. Es handelt sich hierbei um ein Genre, das jeweils sowohl eine systematische Reflexion darstellt, als auch ein personal bekennendes Moment enthält. Die Reihe der Domvorträge zur Sinnproblematik bringt hervorragende Autoren aus verschiedenen Disziplinen und weltanschaulichen Kontexten miteinander ins Gespräch. Bei Hanns Dieter Hüsch und Jean Greisch wurde der Vortragsstil bewußt beibehalten.

Wir danken ausdrücklich allen Autoren für ihre gute Mitarbeit sowie dem Knecht-Verlag für die redaktionelle Betreuung.

Erbacher Hof, Mainz, im Juli 2003 *Peter Reifenberg*

Peter Reifenberg

Sehnsucht nach Sinn
Hoffnung – Orientierung – Glauben

Eine thematische Hinführung

1. Die „Namentlichkeit" oder: Der Mensch im Vokativ

Eigennamen haben für Eltern und mehr noch für das Leben des Kindes eine große Bedeutung. Während die Eltern oft lange den in ihren Augen rechten Namen für das Kind suchen, fließen in diese Überlegung selbst positive Konnotationen aus der eigenen Lebensgeschichte ein und werden auf das zukünftige Leben des Kindes hin projiziert. Hier treffen sich ihre eigenen Lebenserfahrungen von Begegnungen mit geliebten Menschen und auch Träume von Unerreichtem. Besonders Wünsche im Hinblick auf das künftige Lebensglück des Kindes finden in der Namensgebung ihren Niederschlag. Für das Kind selbst bedeutet der Eigenname in gleicher Weise stete Rückbindung der eigenen Lebensgeschichte bis zu ihren Ursprüngen und eine Prospektion in die Zukunft hinein.

Besonders die Denker der Begegnung, so etwa Eugen Rosenstock-Huessey (1888–1973) und Ernst Michel (1889–1964), entwickeln in einer „Metanomik" die sog. „*Namentlichkeit*" als Grundexistential des Personseins:

Für das Kind gruppieren sich aus all den vielen Anredemöglichkeiten um den Eigennamen als der dominanten Konstante seines Lebens jene Bewußtseinsakte des Kindlichen, die das Selbstbewußtsein ausdrücken und es zu einem „erstarkten Ich" reifen lassen. Vor der ersten bewußten reflektierten Erfahrung widerfährt ihm apriorisch die Anrede mit seinem Namen, der dann beim Sprechen stets unreflektiert mitschwingt; es ist der *Anruf* des Ich als *Aufruf* zum Ich, das stets als Du in solcher Weise konstituiert wird. „So geht also die namentliche Anrede des Menschen als einem mit Eigennamen ausgezeichneten Wesen allem eigenen über-sich-selber-Denken des Ich voraus.[1]

Die namentliche Anrede in der empirischen Ich-Du-Erfahrung bildet das geschichtsstiftende Element für das Kind: „... erst durch den Eigennamen wird der Mensch Träger [...] seines besonderen Schicksals" (AS, 40).

Freilich versteht der Personalist Rosenstock-Huessey die Personwerdung gewiß nicht aktualistisch, für uns bedeutet der Vokativ Anruf in eine bereits apriorisch gegebene Wirklichkeit; der junge Mensch wird „Mitspieler" in einem großen Kommunikationsprozeß.

Haben die Namen demnach biographiestiftende Wirkung, so „leiten sie uns in die wirkliche Zeit"[2], verstanden als existentielle Lebenszeit. Die Namen spannen einen Zeitbogen über das Leben und vermitteln gerade durch die empirische Erfahrung des Angesprochen-Werdens und des Hörens entwicklungspsychologisch und existentiell wichtige Ersterfahrungen. Die Ersterfahrung geschieht als grundstürzende „Du-Ich-Erfahrung" im Medium des Namens. Sie begründet die Gegenseitigkeit. Der Mensch lebt letztlich im fortdauernden Vokativ; der Namensanruf hat „sozialgrammatische" Bedeutung, wobei die namentliche Anrede ihre eigene Augenblicklichkeit auch auf Zukunft hin transzendiert, nämlich auf eine „Ernennung" hin zu dem, was der Andere mir fortan bedeuten kann. Anerkennung und Wiedererkennung (im Sinne der „reconnaissance" bei Ricœur) verdichten sich zu einem personalen Rechtstitel, der zugleich sowohl ontische wie ethische Individuation sowie besonders auch sozialethische Einbergung mit sich bringt. Die dialogische Zwiesprachebezogenheit ist zugleich Prinzip der Einzigartigkeit des Menschen in seiner Würde; sie stellt die situative Handlungsbefähigung dar (vgl. Greisch).

Die Metanomik der „Grammatik der Seele" ist ein früher philosophischer Versuch einer Ausdeutung des Jesaja-Wortes: „Ich habe Dich bei Deinem Namen gerufen, denn Du bist mein" (Jes 43,1).

Dieses Wort der Schrift birgt ohne Zweifel in aller Dichte und Kürze eine Sehweise des menschlichen Grundes, wie sie gerade aus einem ausgespannten apriorischen Sinnkonzept wachsen kann. Das

---

[1] Eugen Rosenstock-Huessey, Angewandte Seelenkunde, Darmstadt 1924 (=AS); hier AS, S. 26.

[2] Vgl. Eugen Rosenstock-Huessey, Soziologie, zwei Bände, Stuttgart. Bd. 1, 1956, Bd. 2, 1958; hier Soz 1, S. 167.

Wort des Jesaja liegt den vorliegenden Beiträgen ausdrücklich oder verborgen zugrunde und bildet zugleich auch einen gedanklichen Zielpunkt ab.

Die Erwählung (vgl. Greisch) ist anthropologisch gesehen prioritär, der Vokativ des Namens stellt die würdebegründende Lebensmetapher eines Schöpfungsappells dar. Im Vokativ und in der Frage zugleich richtet sich die Fähigkeit des Menschen zum Überstieg seines Selbst als apriorischer Bedingung des geistigen Lebens auf (vgl. Coreth). Diese Horizonterfahrung (vgl. Greisch) ist ihm unthematisch in seinem Leben umfassend mitgegeben.[3]

Die Verbindung zwischen anthropologisch Grundsätzlichem und der Fragestellung nach Glück, Sinn und Bestimmung läßt sich an zwei herausragenden Namens-Beispielen noch konkretisieren:

Mit der Namensgebung eines nicht von ungefähr der Beliebtheit sich erfreuenden *„Felix“* entbieten die Eltern dem Kind gegenüber einen Glück-Wunsch: Felix möge in seinem Leben umfassend am Glück teilhaben und glücklich sein. Somit ist der Felix der im unbeschwerten Sinne Glückliche, der die Seinsschwere leichtfüßig durchmessen möge und dies in einer stets fröhlichen Grundhaltung.

Der in unseren Tagen nicht mehr so häufig verliehene Mädchenname *„Beate“* verweist auf den tiefen Bedeutungsgehalt des Glücklichseins als Grundmovens des natürlichen Menschseins. „Beate“ ist insofern die im Sinne des ästhetisch Schönen und ethisch Guten glücklich zu Nennende, welche gerade diese Tugenden in ihrem Leben Wirklichkeit werden lassen soll.

Der Wunsch der Eltern für den Neugeborenen verrät einerseits die positive Prospektion auf seine Lebensgestaltung hin, andererseits jedoch verbirgt dieser Wunsch auch eine Grundangst des Menschen (vgl. Kernberg): Es war im 19. Jahrhundert Sören Kierkegaard, der die Angst philosophisch thematisierte, bis sie später Sigmund Freud tiefenphilosophisch ausdeutete. Die Angst vor dem Leben ist immer eine Angst davor, daß wir vom Tod umfangen sind. Diese Angst spiegelt das Wissen um die Endlichkeit wider, die faktische Begrenztheit unserer biologischen Natur – all dies macht den Menschen wesenhaft zu einem „Mängelwesen“. Der Geist treibt alle Angst der Kreatur ins Unendliche hinein und läßt ihn nicht zur Ruhe kommen, wenn nicht

[3] Vgl. zu der gesamten Problematik: Peter Reifenberg, Situationsethik aus dem Glauben. Leben und Denken Ernst Michels, St. Ottilien 1991, insbes. S. 244–252.

eine religiös aus dem Unendlichen kommende Antwort auf die Frage nach dem „Warum" ersteht. Von der radikalen angstbesetzten Frage nach dem „Warum" erfährt der Psychoanalytiker in neurotischen und existentiellen Ängsten. Sie trifft den Patienten bis hin zu schweren Schuldgefühlen und Depressionen. In der Tiefenpsychologie findet deshalb eine „Integrationsleistung" des Selbst dann statt, wenn das Über-Ich zu einem gesunden Ich hin ausgeprägt werden kann. Die klassische Psychoanalyse spricht eher die nüchterne Sprache des Szientismus des 19. Jahrhunderts, wenn sie dem Sinn des Lebens jedwede metaphysische Zuschreibung raubt und lediglich den Begriff „Wertsystem" gebraucht, um ein „normales und gesundes Über-Ich" im Rahmen des Ästhetischen, Ethischen und wahrheitsliebend Philosophischen zu finden (vgl. Kernberg). Für die Psychoanalytiker stellt der metaphysische Sinn ein zu großes Wort dar.

Mit der Ungesichertheit des Lebens muß der die Kontingenz erfahrende Mensch im Halbdunkel zwischen Ungewißheit und Wagnis (Peter Wust) leben. Für die Anthropologie wie für die Psychoanalyse gilt es, das Leid vom Menschen abzuwenden und sein Glücken zu befördern. Die Sprache sieht für die wohlwollende Betrachtung des Lebens den Glück-Wunsch vor. Dieser Glück-Wunsch beinhaltet die Spannung zwischen Erfüllung und Nicht-Erfüllung der „Glück-Seligkeit" (vgl. Kard. Lehmann). Dabei fällt auf, daß unserer Sprache offenbar ein ausdrücklich geprägter umfassender „Sinn-Wunsch" verborgen bleibt; offenbar ist für die Alltagserfahrnis die Unmittelbarkeit des Glücks präsenter als ein mittelbarer Sinnhorizont. Die Logik des Lebens spricht von einer „Hermeneutik der Gefahr" und einer gnädigen Selbstbegrenzung des handelnden Menschen (vgl. Jüngel). Während das Glücksstreben immer nach der Vollkommenheit ruft, bleibt der Mensch auf dem Wege „durch und durch Wagnis und Gefährdung" (vgl. Kard. Lehmann).[4]

Der umfassende Sinn scheint sich im Augenblick des Glücks verdichtet zu zeigen, um sich dann wieder unthematisch und unmerklich in den Lebensstrom einzubergen. Gerade in „einer sich ständig überholenden Neuzeit", die sich in einer besonders profilierten Weise in der „Postmoderne" zeigt, wird das Szenario der Geschichte als eines trostlosen Schauspiels von sinnlosem Tun entwickelt. In diesem uns

[4] Vgl. Peter Reifenberg, Glück zwischen Sinn und Heil – Ein erster religionsphilosophischer Splitter, in: KatBl. 127 (2002), S. 166–168, hier: 167.

Heutigen nahen Geschichtsprozess scheint der Sinn des Daseins abhanden gekommen zu sein (vgl. Jüngel). Deshalb ist auf den inneren Zusammenhang von Glück und Sinn und auf eine Ausdifferenzierung der diesem Zusammenhang entsprechenden Haltungen, wie Hoffnung und Glauben zu achten (vgl. Kard. Lehmann und Jüngel).

2. Das Glück: Geschick und Handlung zugleich

Die Sehnsucht nach Glück ist dem Menschen eingeboren (vgl. Kard. Lehmann). Im Spielcharakter des Glücks (vgl. Splett) verspürt der Mensch zutiefst die Fragilität und die Kontingenz seiner eigenen Existenz. Weder das äußere noch das innere Glück sind machbar. Auch wenn ein Maß geglückten Lebens in der Hand des Menschen liegt, wohnt der Glückserfahrung die Wehmut des Abschieds der Augenblicklichkeit ein. Gerade wenn die sinnlichen Glückserfahrungen, welche die Leiblichkeit des Menschen erfassen, für den Ausgleich des Ich mit sich selbst unabdingbar sind, verspürt er in ihnen jene Abschiedlichkeit, die sein „Sein zum Tode" zutiefst prägt. Eine Reflexion kann die Wehmut des vergehenden Augenblicks leibhafter Glücksempfindung nur schwerlich einholen. „Der Mensch ist nicht einfach das, was er im Augenblick darstellt – und sei er im Zenit seines Glücks. Darum ist auch jede Erfahrung eines geglückten Augenblicks durchzogen von einer leisen Melancholie" (Kard. Lehmann).

In dieser lebensprägenden Melancholie schwingt die unbedingte Sinnhaftigkeit unthematisch mit (vgl. Coreth). Sie äußert sich im „Lachen und Weinen", in der „Tragödie und Komödie" und im hoffnungsgetragenen Humor (vgl. Hüsch). In dieser Melancholie wird der innere Zusammenhang von Glück und Sinn (vgl. Kard. Lehmann), zwischen Glück und Spiel (vgl. Splett) und zwischen Glück und Frohsinn (vgl. Hüsch) deutlich. Es sind die bewußten Erfahrungen des Menschen im Vokativ – die „Antlitz-Erfahrungen" –, im Hier und Jetzt, die den Menschen in die Verantwortung auf seine Letztbestimmung hinlenken und ihn in ein unbedingtes Sollen rufen, um ihm in der existentiellen und religiösen Grundentscheidung seines Lebens die Willensentscheidungen und damit die Freiheit zu ermöglichen. In der konkreten Freiheit entscheidet der Mensch auch über das Maß des Glücklichseins: Das Glück ist immer unbezwingbares „*Geschick*" und selbst verantwortete *Handlung* zugleich.

Aus diesem Grunde hängt die Antwort auf die Frage nach dem Lebenssinn auch an der Bereitschaft zur Entscheidung. Die glück- und sinnverleihende Entscheidung oder eine unentschiedene, nicht echte und das Glück verfehlende Entscheidungslosigkeit bilden die Alternativen des die Wahl treffen müssenden Menschen. Die Unentschiedenheit des Ja *und* Nein sei die Signatur unserer Tage, ist vielerorts zu hören. Das Lebensgefühl, das aus diesem Unentschiedensein heraus erwächst, verdichtet sich an verschiedenen postmodernen Philosophien. Ein entschiedenes Bedenken von Handlung wird in solcher Atmosphäre ausdrücklich hintangestellt.

Unübertroffen gibt Maurice Blondel in seiner philosophischen Zeitdiagnose einen Einblick in die geistigen Krisentendenzen, die er „Ästhetizismus“ oder „Dilettantismus“ nennt (A (47–54) 23–30/57–64)[5]: Wahrheit gibt es nur im Widerspruch, und Meinungen sind nur sicher, wenn man sie wechselt. Im gleichen Respekt und derselben Verachtung für das Ja und das Nein läßt der Mensch sich entscheidungslos hintreiben. Das Wesen des Ästhetizismus und des Dilettantismus besteht in dem Faktum, das Wollen nicht zu wollen, ohne jedoch aus der Grundsituation entfliehen zu können, daß vor dem Wollen nicht ausgewichen werden kann. Der Unentschiedene lebt in einem raffinierten Epikureismus, läßt sich von den Zauberwelten berauschen, um – wie Blondel sagt – das Sein in der Sicherheit des Nichts zu genießen. Der Dilettantismus gibt sich tolerant, weil er selbst weder sittliche noch religiöse Bindungen eingehen will. Die Lust des Spiels mit der Wirklichkeit gipfelt in einem Kult der „Autolatrie“, im Kult des Selbst, in narzißtischer Selbstverliebtheit, die jedwede intellektuelle oder moralische Verbindlichkeit ablehnt. Der Pluralismus ist ein smarter Verwandter einer solchen „Un-Haltung“, in welcher der Sinn lediglich ein antiquiert metaphysisch beladenes Wort zu sein scheint. In der Form der „argumentatio ad hominem“ und auf einer Ebene der „voie pratique“ übt Blondel eine breite Kritik an den Lebens- und Denkhaltungen der Jahrhundertwende, in dem er sich an die Quellpunkte der Ideenbewegungen selbst stellt. Die philosophiegeschichtliche Stoß-

[5] L'Action: Essai d'une critique de la vie et d'une science de la pratique 1893 (PUF ^{3}1973); dt. Übersetzung: Die Aktion (1893). Versuch einer Kritik des Lebens und einer Wissenschaft der Praktik. Übers. v. R. Scherer, Freiburg 1965.

richtung gegen Ästhetizismus und Dilettantismus, gegen Nihilismus, Skeptizismus und Pragmatismus zeichnet das gegnerische zeitgenössische intellektuelle Milieu des ausgehenden 19. Jahrhunderts aus. Hier sind durchaus Parallelen und Anklänge zu unseren postmodernen Strömungen aufzufinden.[6]

Auf den Grund besehen sind es zwei Fragen, die ideengeschichtlich seit dem ausgehenden 19. Jahrhundert bis in unsere Tage hinein die Wirklichkeit des fragenden Menschen bestimmen und die auch unsere Überlegungen formen: Zum einen die von F. W. Schelling adaptierte Frage M. Heideggers „Warum ist überhaupt Seiendes und nicht vielmehr Nichts", welche die Interpretation der sich selbst überholenden Neuzeit noch einmal aufnimmt (vgl. Jüngel, Greisch), sowie die unausweichliche Frage M. Blondels „Ja oder nein, hat das menschliche Leben einen Sinn, hat der Mensch eine letzte Bestimmung?" (vgl. Coreth, Lehmann, Henrici).

Gerade die Frage nach dem Sinn von Sein prägt unsere Tage auf einer praktischen Ebene und auf radikale Weise auch die Alternative des Ja oder Nein. Das Nichts des Nihilismus und des Skeptizismus gilt es für M. Blondel argumentativ zu überwinden. Das Weder-Noch des Skeptikers deckt er auf, und dem Als-Ob des Dilettantismus hält er das entschiedene Tun und die Dimension des Willens des Menschen entgegen.

Das Absurde in der Reflexion wurde vor allen Dingen von A. Camus literarisch beschrieben und schließlich noch durch den „Ekel am Leben" im Werke von J. P. Sartre überhöht (vgl. Kard. Lehmann). Betreibt der Existentialismus gerade nicht eine Abstinenz von jedem Engagement, sondern postuliert er wider das Absurde das Dennoch, die Notwendigkeit des Handelns des Menschen, so flüchtet der Dilettantismus vor jeder Affirmation von Sein und Sinn.

Der transzendentalphänomenologische Versuch einer „Kritik des Lebens" und einer „Wissenschaft der Praxis", so wie ihn M. Blondel

---

[6] Vgl. Hans-Jürgen Verweyen, *M. Blondels Kritik des „Dilettantismus" und das postmoderne Denken*, in: A. Raffelt, G. Fuchs, P. Reifenberg (Hg.), Das Tun, der Glaube, die Vernunft, Würzburg 1995, S. 16–32; Gerhard Larcher, *Blondel und Ricœur. Thesen zu ihrem Beitrag für die Fundamentaltheologie*, in: A. v. Hooff / P. Reifenberg / W. Seidel: Glaubenserfahrungen im Handeln und Denken, Würzburg 1998, S. 43–66. Vgl. zur gesamten Problematik: Peter Reifenberg, Verantwortung aus der Letztbestimmung. Maurice Blondels Ansatz zu einer Logik des sittlichen Lebens, Freiburg 2002, S. 357 ff., 471–475. (= Reifenberg, Verantwortung (2002)).

in seinem Hauptwerk L'Action (1893) vorlegt, durchdringt unser Buch in seinen zentralen Anliegen (vgl. Kard. Lehmann und Henrici).

Die Alternative der Existenzfrage des Ja oder Nein ist unhintergehbar, auch wenn sie den Menschen in Erschütterung versetzt und in das Wagnis höchster Verunsicherung führt. Mit der radikalen Sinnfrage würde er sich den Boden unter den Füßen selbst wegziehen, wenn nicht ein apriorisches Sinnpotential, aus dem er handelt und lebt, vorausgesetzt wird. Auch wenn die Sinnfrage sich lebensgeschichtlich meist erst dann stellt, wenn Sinnbilder gelingenden Lebens zu verblassen drohen, in Grenzsituationen, an Wendepunkten des Lebens, im Leiden, in der Schuld, im Lebenskampf, so markiert sie doch immer zugleich auch einen Neuanfang und setzt neue Möglichkeiten im Leben frei.

In seiner Phänomenologie des Willens im dritten Teil von L'Action (1893) zielt Blondel auf eine Synthese zwischen objektivem Glück und subjektivem Sinnerfahren. Ihm gelingt es, den in der Neuzeit eingeleiteten Bedeutungswandel des Glücksbegriffs ins rein Subjektivistische aus der dilettantischen uns ästhetizistischen Enge eines hedonistischen Pragmatismus herauszuführen. Er spannt die Frage des Sinns von Sein aus, indem er einen groß angelegten Perspektivenwechsel in der Fragestellung zur Handlung hin vornimmt: „C'est dans l'action qu'il va falloir transporter le centre de la philosophie, parce que là se trouve le centre de la vie" (A (XXIII) 31/21). Blondel sucht den Punkt, an dem das Zentrum von Wirklichkeit sich verdichtet und findet es in einer „Metaphysik der Zweiten Potenz", in einer Metaphysik der ‚action' als dem möglichen Interpretationsschlüssel des Subjekts auf seinem Wege nach Lösung des Problems des Lebens, der Sinnfrage. Nur durch die Umkehr der Erkenntnis-Perspektiven, von der retrospektiven Reflexion zu einem prospektiven Denk-Handeln wird der Mensch zur Sinnhaftigkeit des Lebens geleitet. In der Mitte des Lebens, in der ‚action', findet Blondel die Wirklichkeit durch das Vermittlungsgeschehen von Denken und Handeln je schon vermittelt. Eine verobjektivierte Glückseligkeit wird durch einen transzendental-phänomenologischen Sinnbegriff ersetzt. Die Frage nach Sinn und Bestimmung ist selbst schon eine Weise der Vermittlung des Verhältnisses von Denken und Handeln. Sie zeigt einerseits, daß eine apriorische Einheit, in der sie ermöglichend gründet, transzendentalen Charakter hat und andererseits, daß eine aposteriorische Einigung ein ständiges Desiderat der tatsächlichen Diskontinuität darstellt. Die Sinnfrage stellt den Versuch des Menschen dar, im Aposteriori mit dem apriorischen Sinn in ein Verhältnis zu treten. Die Frage nach Sinn und Bestimmung verdichtet sich in der Identitäts-Frage des Subjekts, des nach der Bestimmung suchenden Menschen: „Comment égaler le sujet au sujet même?“ (A (338) 372/363). Der Lebensvollzug des Glück- und Sinnfragers geschieht als aposteriorischer Einholungsversuch der möglichen apriorischen Einheit auf die Vollendung seiner Bestimmung hin. Zugleich ist dieses Tun jeweils ein Ursprungsgeschehen. Dieser Einholungsprozeß ist immer wieder der stete Versuch des Menschen, mit der Wirklichkeit im Ganzen und mit sich selbst in ein rechtes Verhältnis zu kommen. In diesem Lebensvollzug wird die Beziehentlichkeit und die Verantwortung mit der Entscheidung zu den wesentlichen Gestaltungselementen der Wirklichkeitsbeziehung: Alle Wirklichkeit ist Beziehung. Die Entscheidungen speisen sich aus der erkenntnisvermittelnden und handlungsorientierenden *„option fondamentale“*, die über das Gesamtschicksal des Menschen im Entweder-Oder getroffen wird.[7] Dieser Ganzheitsvollzug der Sinnsuche des Menschen sprengt jede reine Vernunftsphilosophie; die Sinnsuche ist *das* Problem des Lebens selbst, sie ist eine die ganze Entscheidungskraft des Menschen herausfordernde praktische „Herzensangelegenheit“: „ce n'est point la tête qu'il faut se rompre, c'est le cœur“ (A (399) 375/409). Diese transzendenzoffene Suche auf Letztbestimmung hin geht von der Strebedynamik des nicht zur Ruhe kommenden Menschen aus, von seiner Möglichkeit der Selbsttranszendenz. Blondel geht gemäß des Immanenzprinzips davon aus, daß dem Menschen stets etwas Göttliches innewohnt: „il faut que quelque chose de divin habite en lui“ (A (412) 388/422). Es ist dies das einzig Notwendige für den Menschen, sich dieser Einsicht hinzugeben, in das, was absolut unmöglich und absolut notwendig ist für ihn. Für den Sinnfrager ist die Strebedynamik hin zum Übernatürlichen das Grundmovens seines Glück- und Sinnerfahrens (A (412) 388/422). Diese Wirklichkeitssicht bedingt auch eine profilierte anthropologische Wende: Einerseits nimmt der Mensch durch seine Strebedynamik am „surnaturel“ teil, andererseits erfährt er, daß ihm selbst dieses „surnaturel“ stets gnadenhaft entgegenkommt und ihn umfängt. Er sucht den Sinn, indem er ihn entgegennimmt. Die Bestimmung des Menschen verwirklicht

[7] Vgl. Reifenberg, Verantwortung (2002), S. 252–355.

sich auf die Weise des *„transnaturel"*. Der Sinn geschieht bereits in der konkreten Wirklichkeit und äußert sich in den Beziehungen des Menschen selbst. Eine solch verstandene Weise des „transnaturel" beschreibt seine dynamisch-anthropologische Faktizität. Denn als „transnaturel" lebt der Mensch in seiner faktischen Heilsdynamik auf das Übernatürliche hin, in einer zeitlich-überzeitlichen Realdialektik zwischen „Nochnicht", „Nichtmehr" und „Immernoch". In dem „état transnaturel" ist die Schnittstelle bezeichnet, an der der Mensch sowohl offen ist auf das Transzendente hin, als auch faktisch in der Wirklichkeit Sinnerfahrungen machen kann.[8]

Das Willensstreben vollendet sich in der Anerkenntnis, daß dieses selbst Geschenk und Geschick nur durch einen geahndeten „médiateur ignoré" auf den Menschen zukommt.

Wenn die Suche nach dem *Glück* nur im Vorhof des Sinns geschehen kann, so ist die *Sinnfrage* „so etwas wie ein Vorhof des Glaubens an Gott" (vgl. Kard. Lehmann). Hierin gipfelt die Grundentscheidung der menschlichen Lebensdynamik. Am Ende seiner Suche findet er keine einfachen Sicherheiten, keinen „handhabbaren" Sinn, sondern vielmehr Spuren des anwesenden und sich zugleich entziehenden geheimnisvollen Gastes („hôte mystérieux") (A (399) 374/408).

Dieser „Deus absconditus" ist bleibendes Geheimnis, sich zeigender und der Erkenntnis sich immer wieder entziehender, verborgener Gott. Somit ist auch der sich in den Glückserfahrungen zeigende und verbergende Sinn eine Spur auf dem Weg zu einem persönlichen Gott, der nur erhofft und geglaubt werden kann.

Steht am Ende unserer Überlegung ein Ausweichen vor einer unbeantworteten Frage nach dem „Warum"? Eher ist es eine Ermutigung, das einzig Notwendige auch mit zu vollziehen, es in einer Art gläubiger Übereignung, nämlich der Hingabe des eigenen Willens an den Willen Gottes.

Was heißt dann, dem Sinn begegnen, was kann man unter einer Sinn-Erfahrung verstehen? Wir stellen diese Frage dennoch radikal

[8] „Absolument impossible et absolument nécessaire à l'homme, c'est là proprement la notion du surnaturel: l'action de l'homme passe l'homme; et tout l'effort de sa raison, c'est de voir qu'il ne peut, qu'il ne doit pas s'y tenir. Attente cordial du messie inconnu; baptême de désir, que la science humaine est impuissante à provoquer, parce que ce besoin même est un don" (A (412) 388/422).

in einer unmetaphysischen Zeit[9], die unter der Signatur des ihr verloren gegangenen Gottes[10] steht. Blondel verweist uns auf die Nähe und auf die Ahnung des „surnaturel“, das nur im Glauben zur Gewißheit werden kann. Unsere Lebenssituation beschreibt er im Bild, das unübertroffen unsere Überlegungen zusammenfassen kann: „Nicht als müßten wir uns mit einer undefinierbaren Ahnung vom Geheimnis zufrieden geben, als dürften wir keinerlei Hoffnung hegen, je denkend etwas von ihm zu erfahren [...] ohne seinen Namen und sein Wesen zu kennen, können wir sein Nahen ahnen und spüren, wie es uns anrührt – wie einer im Dunkel der Nacht die Schritte seines nahenden Freundes hört, seine Hand streift und ihn doch nicht erkennt“ (A (366) 340/374).

---

[9] Vgl. Emerich Coreth, (Hg.), Metaphysik in un-meta-physischer Zeit. Beiträge zur Theologie und Religionswissenschaft, Düsseldorf 1989.

[10] Vgl. Theo Faulhaber / Bernhard Stillfried, Wenn Gott verloren geht. Die Zukunft des Glaubens in der säkularen Gesellschaft (QD 174), Freiburg 1998.

Emerich Coreth SJ

Menschsein als Transzendenz

Gedanken christlicher Philosophie

Der Mensch ist ein eigenartiges Wesen, sich selbst ein Rätsel. Er muß immer wieder fragen, nicht nur nach anderen Dingen, sondern auch nach dem eigenen Wesen, und er kommt damit an kein Ende, weil er immer schon mehr ist, als er selbst weiß, aber fragend ausgreift nach dem, was er nicht weiß. Er übersteigt darin sich selbst, das gehört zu seinem Wesen. Aber wie und woraufhin?

Sinnfrage und Transzendenz

Nur der Mensch kann fragen, er muß nach dem Sinn seines Lebens fragen, nicht nur nach dem Sinn einzelner Handlungen und Ereignisse, sondern nach dem Sinn des Ganzen. Hat unser Leben – das wir nicht selbst gewählt haben – mit all seinen Mühen und Lasten, mit all seinen Schicksalen, die über uns kommen, überhaupt einen Sinn? Oder geht es mit dem Tod im Nichts letzter Sinnlosigkeit unter? Doch setzen wir in allem, was wir wollen und tun, einen Sinn voraus und bejahen ihn im Vollzug des Wollens und Tuns; sonst könnten wir nicht leben. Aber der Einzelne hat nur einen Sinn, wenn das Ganze einen Sinn hat, wenn es von einer Sinneinheit umfaßt, von einem letzten Sinngrund getragen ist.

Was meinen wir aber, wenn wir vom Sinn einer Handlung oder vom Sinn des Lebens sprechen? Die Sinnfrage sei, wie man sagt, eine ewige Menschheitsfrage. Das mag richtig sein, obwohl es in der Geschichte des Denkens keinen Begriff gibt, der dem voll entspricht, was wir heute unter „Sinn“ verstehen. Die Alten haben nicht vom Sinn, sondern vom Ziel gesprochen: dem „telos“ bei Aristoteles, dem „finis“ und „finis ultimus“ bei Thomas von Aquin. Noch Kant fragt nicht nach dem Sinn des Lebens, sondern nach dem „Endzweck der Schöpfung“, der nur im Menschen liegen kann, weil er allein als Person „Zweck an sich selbst“ ist. Auch Hegel fragt nicht nach dem Sinn, sondern nach dem „Endzweck der Geschichte“, der in der Verwirklichung und Entfaltung wahrer, daher sittlicher Freiheit liegt.

Das weist darauf hin, daß der Sinn eines Geschehens auf ein Ziel (oder einen Zweck) bezogen ist, aber nicht ganz dasselbe meint. Der Sinn bedeutet die Richtung einer Bewegung, das „Woraufhin“ einer Handlung oder eines Geschehens, also ihr Ziel, aber nicht das Ziel in sich selbst, sondern das Ziel, insofern es dem Handeln bestimmend immanent ist, ihm die Richtung auf das Ziel vorgibt; dadurch wird es sinnvoll.

Jedes frei gewählte und sinnvolle Handeln und Verhalten ist ein mich selbst übersteigendes, mein faktisches Dasein transzendierendes Geschehen, in dem ich nach weiteren Möglichkeiten meiner selbst ausgreife, um zu verwirklichen, was ich eigentlich bin und sein soll.

Schon alles Fragen ist eine übersteigende, in diesem Sinne transzendierende Bewegung: Wir gehen hinaus über das unmittelbar Gegebene, das bisher Erfahrene oder Gewußte, auf das, was wir noch nicht wissen, wovon wir aber wissen, daß wir es nicht wissen, und deshalb danach fragend ausgreifen. Wenn wir nach dem Sinn des ganzen Lebens fragen und einen letzten und endgültigen Sinngrund suchen, der allem einzelnen Tun einen Sinn geben soll, so kann er nicht ein Ding oder Inhalt der Erfahrung sein, sondern muß etwas sein, das allem Einzelnen umfassend vorausgeht und sinngebend zugrundeliegt. So verweist erst recht die Sinnfrage auf die wesenhafte Transzendenz des Menschen, aber „woraufhin“?

Zum Begriff der Transzendenz

Wir meinen hier Transzendenz nicht im Sinne vager Erwartung oder fragwürdiger Erfahrung, wie sie heute oft gesucht und unverbindlich angeboten wird, sondern wollen zuvor fragen, was darunter zu verstehen ist.

Das Wort „Transzendenz“ (von lat. transcendere = übersteigen) ist wie sein Gegenwort „Immanenz“ (von immanere = darin bleiben) ein formaler Begriff. Die inhaltliche Bedeutung ergibt sich erst aus der jeweiligen Grenze, die überstiegen oder nicht überstiegen wird, – und aus der Art und Weise, wie und wodurch sie überschritten wird oder nicht. Der Begriff der Transzendenz kann daher auf vielfache Weise verstanden werden.

Man kann von Bewußtseinsimmanenz oder -transzendenz sprechen, wenn sich die Erkenntnis allein auf Gegebenheiten des Bewußtseins beschränkt oder diese auf eine darüber hinausgehende Wirklichkeit übersteigt. – Man spricht auch von Weltimmanenz oder -transzendenz, wenn die Erkenntnis innerhalb der Erfahrungswelt verbleibt oder diese wesenhaft übersteigt.

Wenn wir von der Erfahrung ausgehen, daß wir beständig über uns hinausgehen, uns selbst übersteigen, so ist mit Transzendenz nicht ein transzendentes Sein, sondern eine transzendierende Bewegung gemeint. Sie betrifft die Art und Weise des Übersteigens. Damit ist nicht aktuelle Transzendenz im Sinne einer Wirklichkeit gemeint, die jenseits einer bestimmten Grenze besteht oder gedacht wird, so wie wir im höchsten Sinn von der absoluten Transzendenz Gottes sprechen, einer anderen, der endlichen Welt überlegenen Wirklichkeit. Auch derart aktuelle Transzendenz kommt in gewissem Sinn dem Menschen zu, insofern der Geist den Leib und das leibliche Leben seinsmäßig übersteigt. Doch erfahren wir diese Transzendenz in der transzendierenden Bewegung, nicht als aktuelle, sondern als virtuelle Transzendenz, d. h. als dynamisches Geschehen, in dem ich mich übersteige und gerade darin mich selbst finde und verwirkliche.

Das zeigen schon einfache Erfahrungen. Wir gehen immer und überall aus uns hinaus, übersteigen uns selbst, um dadurch zu uns zurückzukehren und in diesem dialektisch kreisendem Geschehen uns selbst weiter zu verwirklichen. Ich möchte hier noch nicht von eigentlich transzendenter, sondern von „transitiver" (oder transeunter), d. h. über sich hinausgehender Bewegung sprechen.

Das gilt schon von der Erkenntnis: Nur wenn ich aus mir hinausgehe, mich öffne für die Wirklichkeit, wenn ich sie „sein lasse", mich auf sie „einlasse", sie zu erfassen und zu verstehen suche, nehme ich sie in mich hinein, in den lichten Innenraum meines Bewußtseins, auch in mein Gedächtnis (den Speicher der Erfahrung). Sie wird darin präsent und bildet meine Erkenntnis- und Verständniswelt, in der und aus der ich lebe. Schon hier zeigt sich die „vermittelnde" Funktion transitiven Geschehens.

Ganz ähnlich ist es im Streben, Wollen und Handeln, also im aktiven Verhalten zur Welt. Eigene Ziele, Pläne und Entschlüsse suche ich in der Welt außer mir zu verwirklichen, mich selbst zu vergegenständlichen im Werk, das ich bewirke. Gerade dadurch, im Eingehen auf sachliche Aufgaben, im Einsatz für Ziele und Werte verwirkliche ich mich aus Freiheit zu dem, was ich eigentlich bin und sein soll; wieder durch ein von mir gesetztes, aber mich selbst übersteigendes Geschehen.

Eine derart transitive Struktur ist besonders der interpersonalen Beziehung zu anderen Menschen eigen. Den unbedingten Personwert des Anderen habe ich nicht um meinetwillen, sondern um seinetwillen zu achten, mit menschlich-personalem Verhalten zu beantworten. Im Vollzug solchen Verhaltens geht es nicht um mich, sondern um den Anderen. Doch verwirkliche ich gerade darin selbst echt menschliche Werte; ich verwirkliche mich in Freiheit zu dem, was ich als Mensch unter Menschen sein soll.

Schon hier im menschlichen Erfahrungsraum zeigt sich eine derart transitive Struktur, ein wesentlich mich selbst und meinen (immanenten) Selbstbezug durchbrechendes, mich (transzendent) überschreitendes Geschehen. Diese virtuelle oder dynamische Transzendenz erweist sich als relative Transzendenz, weil sie immer noch auf bedingte und endlich begrenzte Inhalte geht, noch nicht die Welt übersteigt, noch nicht absolute Transzendenz auf das Absolute selbst, auf Gott hin, erreicht.

Symbol und Religion

Aber es gibt auch dieses Grundphänomen menschlichen Daseins: das Sehnen und Streben über diese Welt hinaus, die uns nie endgültig erfüllen kann, daher das Übersteigen der Weltimmanenz in der Bewegung der Transzendenz auf das Letzte und Höchste, in virtuell-absoluter Transzendenz. Das zeigen schon die anthropologisch bedeutsamen Phänomene des Symbols und der Religion.

Es ist doch merkwürdig, daß gewöhnliche Dinge der Erfahrung für uns eine höhere geistige Bedeutung erhalten, über sich hinausweisen und einen Sinn vermitteln, indem sie zum *Symbol* oder Sinnbild werden. In neuerer Zeit wurde dieses Phänomen – von E. Cassirer bis P. Ricœur u. a. – eingehend erforscht. Dazu nur einfache Beispiele: Sonne und Licht werden Symbole für Wahrheit und Heil (in fast allen Religionen der Menschheit). Wasser wird zum Symbol des Lebens, Feuer zum Sinnbild verzehrender Kraft oder auch innig glühender Liebe, das Herz zum Symbol für die Mitte des personalen Lebens, den Inbegriff der Gesinnung und der Liebe. Man könnte noch andere

„Ursymbole" der Menschheit nennen, die in allen Sprachen und Kulturen eine ähnliche Bedeutung haben.

Daneben gibt es auch konventionelle Zeichen, denen wir einen Sinn geben: von der Sprache und Schriftzeichen oder praktischen Hinweisen, Wegweisern und Verkehrszeichen bis zu Wappen, Fahnen, Ehrenzeichen u. a., die eine Idee sichtbar machen und ihr nicht nur kognitive Bedeutung, sondern auch emotionalen Wert geben. Wir leben in einer Welt von Symbolen. Anschauliche und handgreifliche Dinge weisen über sich hinaus auf einen geistigen Sinn, den sie bildhaft zum Ausdruck bringen – aber nur für den Menschen, der ihnen diesen Sinn gibt und den Sinn versteht, weil eben nur der Mensch auf diese Weise die Welt transzendiert und geistig durchsichtig macht.

So haben Symbole besondere Bedeutung für die *Religion*, wenn das Sinnbild auf das – unsichtbar und ungreifbar – Göttliche verweist. Dieses Phänomen erscheint in den vielfältigen Gestalten und symbolischen Ausdrucksformen des Religiösen in allen Kulturen der Menschheit. Darin ist anthropologisch bedeutsam, daß es keine geschichtliche Kultur gibt oder jemals gegeben hat ohne Religion. Die Kultur mag noch so primitiv oder hochentwickelt sein, uns fern und fremd oder uns nahe vertraut, immer gibt oder gab es das Phänomen der Religion. Das ist geschichtlich bezeugt. Ebenso zeigt sich, daß Religion nicht auszurotten oder umzubringen ist, weder durch philosophische Religionskritik noch durch atheistische Diktatur. Das haben wir in unserer Zeit erlebt. Wir können sicher sein, daß auch alle Säkularisierung unserer Zeit das transzendente Verlangen der Religion nicht ausrotten kann. Es ist im Wesen des Menschen begründet. Religion ist ein allgemein menschliches, zugleich ein ausschließlich menschliches Phänomen, zu dem es keine Analogie etwa im tierischen Verhalten gibt.

Das bezeugt ein ursprüngliches, immer neu aufbrechendes Bedürfnis nach Gott, die wesenseigene Transzendenz des Menschen auf Gott. Was sie meint und wonach sie strebt, kann nur in Symbolen ausgedrückt werden, zugleich aber im Bestreben, im Sinnbild den eigentlichen Sinn zu erfassen.

Das drückt sich im philosophischen Denken von Anbeginn aus. Schon die frühgriechische Philosophie ist ein einziges Ringen des Geistes um das Eine und Höchste jenseits der Vielheit einer Götterwelt, um den ersten Urgrund von allem zu erreichen. Die Frage nach

Gott hält sich in der ganzen Geschichte der Philosophie als zentrales Problem durch. Trotz der modernen Gottesferne kommt das menschliche Denken von der Frage nach Gott nicht los, wie auch moderne oder postmoderne Philosophen bezeugen. So müssen wir danach fragen, was dem Wesen des Menschen zugrundeliegt, was der Ursprung dieser transzendierenden Bewegung auf das Absolute hin ist.

Das Unbedingte im Bedingten

Wir gehen wieder von einem Phänomen aus, das philosophisch-anthropologisch sehr aufschlußreich ist, weil es den letzten Horizont unseres geistig-personalen Selbstvollzugs aufweist. Wir können es kurz mit dem Stichwort des „Unbedingten im Bedingten" bezeichnen. Was damit gemeint ist, ergibt sich wieder aus der eigenen, aber philosophisch reflektierten Erfahrung. Wir greifen hier nur einige der wichtigsten Aspekte heraus.

Der Anspruch des Wahren

Menschliche Erkenntnis steht immer und notwendig unter dem unbedingten Anspruch der Wahrheit. Wenn ich nach etwas frage, will ich wissen, ob und wie es ist. Und wenn ich etwas weiß und mit Überzeugung behaupte: „es ist so", dann meine ich nicht nur, wie es mir scheint, wie ich es denke oder vorstelle, sondern wie es selbst ist und deshalb nicht nur für mich oder für andere ähnlich erkennende Wesen gilt, sondern durch das, was es ist, vor jedem vernünftigen, der Wahrheit fähigen Subjekt Geltung beansprucht, und sich in seiner Seinsgeltung unbedingt behauptet vor allem anderen, was ist. Wenn es so ist, dann ist jeder, der es verneint, im Irrtum; er verfehlt die Wahrheit des Seins. Was wahr ist, hat unbedingte Geltung und steht dadurch in einem grundsätzlich unbegrenzten Geltungsbereich: Es gilt für jeden und vor allem anderen, was ist. So eröffnet es den metaphysischen Horizont des Seins.

Das ist in der Gegenwart nicht unbestritten. Die Philosophie ist weithin von Relativismus beherrscht, der den unbedingten Anspruch der Wahrheit verneint. Wenn er aber alle Erkenntnis als relativ erklärt, setzt er damit nicht von neuem den Anspruch, die Wahrheit zu sagen? Die Aussage setzt voraus, was sie negiert. Tut sie es nicht, so verliert sie jeglichen Sinn. Man kann dem Anspruch der Wahrheit nicht entgehen; er bleibt immer vorausgesetzt und im Vollzug mitbehauptet.

Auch wird dagegen der Einwand erhoben, daß damit ein Irrtum ausgeschlossen, rationale Kritik und Diskussion abgewehrt werden solle. Das ist ein Mißverständnis, weil die formale Unbedingtheit des Anspruchs der Wahrheit nicht dasselbe wie inhaltliche Richtigkeit oder gar Vollkommenheit der Erkenntnis ist. Sie bleibt immer bedingt und begrenzt; sie ist korrigierbar, diskutierbar; sie kann auch falsch sein. Aber eine noch so einzelhafte und kontingente Erkenntnis kann einfachhin wahr sein: es ist so! Wenn ich es als wahr behaupte, setze ich damit den Anspruch auf unbedingte Geltung. Damit übersteige ich schon die bedingte Geltung für mich oder einen wie immer begrenzten Bereich von Subjekten, „für" die es gilt, und von Objekten, „vor" denen es gilt, auf einen unbedingten, daher grundsätzlich unbegrenzten Geltungshorizont.

Diese Einsicht entstammt nicht nur einer alten, heute für überholt erklärten Metaphysik, sondern kehrt auch in neuerer Philosophie wieder, z. B. als Antizipation einer idealen, daher normativen Dialogsituation (J. Habermas) oder als Ausgriff auf eine grundsätzlich unbegrenzte Kommunikationsgemeinschaft (K. O. Apel), in der die Aussage Geltung hat. Weder das eine noch das andere ist faktisch gegeben, es ist kontrafaktisch postuliert als normativ antizipierter Horizont, der die Geltung der Wahrheit verbürgt. Damit ist in Hinsicht auf mögliche Subjekte, die im Blick auf die Sache in Kommunikation stehen, im Grunde dasselbe gemeint, was wir hier – aber auch im Hinblick auf alles objektiv Seiende – als unbedingten Geltungshorizont bezeichnen.

Dabei handelt es sich nicht nur um „ewige Wahrheiten", von Platon bis Kant als allgemeine und notwendige Gesetze verstanden. Sicher auch diese, aber schon jeder einzelne und zufällige (kontingente) Sachverhalt erhebt, wenn er so „ist", den Anspruch, vor allem (was ist) und für alle (Vernunftwesen) als wahr zu gelten und anerkannt zu werden. In diesem Sinn hat jede auch noch so einzelhafte und kontingente Wahrheit allgemeine und notwendige Geltung: das Unbedingte im Bedingten.

Der Sache nach sagt das schon Thomas von Aquin: „Nihil est adeo contingens, quin in se aliquid necessarium habeat" (Sth I, 86, 3c). Dieselbe Einsicht ist schon im Widerspruchsprinzip enthalten: Was ist, kann nicht (unter derselben Rücksicht) nicht sein. Wenn es ist, dann ist es (unter dieser Rücksicht) notwendig; das Sein, das ihm zukommt, schließt Nichtsein absolut aus. In der unbedingten Bejahung wird also nicht der bedingte Inhalt als solcher, sondern die Notwendigkeit des Seins unbedingt bejaht, die dem einzelnen Seienden, wenn und insofern es im Sein gesetzt ist, dadurch zukommt. In jeder Behauptung der Wahrheit wird also das Unbedingte im Bedingten bejaht, d. h. das Sein als unbedingte Bedingung des kontingent Seienden.

Der Anspruch des Guten

Wie die Erkenntnis des Wahren einen unbedingten Anspruch erhebt, so steht unser Wollen und Handeln unter dem unbedingten Anspruch des Guten, das sein soll. Wir erfahren es im Gewissen. Hier zeigt sich ein spezifisches Phänomen, das in der Antike schon Sokrates klar erkannt hat. Das christliche Denken des Mittelalters hielt durchaus daran fest (Thomas u. a.) und legte es als den Willen Gottes, die Stimme Gottes in uns aus. In der Neuzeit hat es, trotz aller ethisch relativistischen Auffassungen seiner Zeit, Kant wieder neu erkannt und als „Faktum der reinen praktischen Vernunft“ zum Ausgangspunkt der Ethik genommen: den unbedingten Wert des Sittlichen.

Wenn ich eine sittlich verbindliche Pflicht erkannt habe und weiß, was ich tun soll oder nicht tun darf, so weiß ich, daß dieses Sollen, das Gebot oder Verbot, durch keinen anderen Wert, etwa des Angenehmen oder praktisch Nützlichen, des vital, sozial oder politisch Förderlichen, des ästhetisch Wertvollen usw. aufgehoben oder aufgewogen werden kann. Ich darf auf keinen Fall, um nichts in der Welt morden, betrügen oder stehlen. Es ist ein unbedingter Anspruch, der nicht relativierbar ist, nicht zum Mittel für einen anderen Zweck herabgesetzt werden kann.

Das gilt auch dann, wenn die einzelne Tat bedeutungslos erscheinen mag. Hier zeigt sich wieder die Unbedingtheit in aller Begrenztheit des menschlichen Handelns. Es steht unausweichlich in einem Horizont unbedingter Geltung des Guten: wieder das Unbedingte im Bedingten.

Diese Eigenart zeigt sich besonders klar im weiteren Phänomenbereich der interpersonalen Beziehung zu anderen Menschen. Da begegnet mir ein gleichartig und gleichwertig geistig-personales Wesen, mit dem ich in Beziehung der Kommunikation und praktischer Interaktion trete. Schon das ist nur möglich, wenn ich den Anderen in seinem eigenen personalen Sein und Wert anerkenne. Menschliches Zusammenleben und Zusammenwirken ist nur möglich, wenn ich den Anderen in der unbedingten, nicht relativierbaren Eigenständigkeit des Personenseins gelten lasse, sein Recht wahre, ihn in letzter Ehrfurcht, in Verstehen und Vertrauen annehme, ihm wohlwollende Güte entgegenbringe.

Dieser Anspruch des personalen Wertes besteht immer, obwohl der Andere jeweils ein begrenzter Mensch ist, auch wenn er noch so fehlerhaft, ein Sünder oder Verbrecher ist, also ein unbedingter Wert in begrenzter und mangelhafter Gestalt. Der unbedingte Wert des Personseins bleibt bestehen und fordert sein Recht – wieder also: das Unbedingte im Bedingten.

Dieser Aspekt ist besonders wichtig für den Einzelnen in mitmenschlicher Gemeinschaft. In unserer Zeit ist viel von „Selbstverwirklichung" die Rede; sie ist fast zum Schlagwort geworden, zugleich aber oft mißdeutet zu individualistischer Beliebigkeit. Richtig ist, daß alles Wirken Selbstverwirklichung des Wirkenden ist. Das Lebendige verwirklicht sich im eigenen Wirken des Wachsens und Reifens. So haben auch wir uns – aber in Freiheit – selbst weiter zu verwirklichen. Aber wahre Selbstverwirklichung ist niemals ein rein immanentes, in sich geschlossenes Geschehen, sondern immer nur im Anderen und durch das Andere möglich. Es ist ein transzendentes oder (vorsichtiger gesagt) ein transitives Geschehen. Im Hinausgehen aus mir selbst, in der Offenheit und im Einsatz für Anderes finde und verwirkliche ich mich selbst.

Das gilt schon von sachlichen Aufgaben: im Studium, in der Berufsarbeit, im Eingehen auf die Sache entfalten wir uns selbst. Für den Menschen ist aber das Andere primär der (oder die) Andere: der andere Mensch. Schon Fichte hat gesagt: „Der Mensch wird nur unter Menschen ein Mensch". Wir sind eingebunden in menschliche Gemeinschaft, ihr entsprungen und ihr verpflichtet. Wenn ich nicht nur für mich, sondern für den Anderen da bin, ihn gelten lasse und anerkenne, ihm zu helfen und zu dienen, ihm Vertrauen und Wohlwollen zu schenken bereit bin, so verwirklichen sich darin echte menschliche Werte. Ich werde selbst mehr zu dem, was ich als Mensch unter Menschen sein soll.

Das heißt: Je mehr wir uns selbst verlassen und übersteigen, umso mehr finden und entfalten wir uns selbst. Je mehr, so paradox das klingt, der Mensch sich selbst transzendiert, umso mehr aktuiert er sein eigenes Wesen. Je mehr er sich selbst verläßt und übersteigt, umso mehr verwirklicht er das, was er eigentlich ist. Diese schon philosophisch aufweisbare Struktur entspricht genau den Worten des Evangeliums: „Wer sein Leben retten will, wird es verlieren; und wer es verliert, der wird es gewinnen" (Lk 17,33; par.). Und das entspricht wieder dem Gebot Christi, der Liebe zu Gott und zum Nächsten, im Evangelium als das erste und wichtigste Gebot und als zweites, ebenso wichtiges Gebot aufgetragen (Mt 22,37–39; Mk 12, 29–31). Im Lukasevangelium sind es überhaupt nicht zwei Gebote, sie bilden das eine und selbe Gebot (Lk 12,27). So auch bei Paulus im Hohenlied der Liebe (1 Kor 13), wo Gottesliebe und Nächstenliebe gar nicht unterschieden werden: das eine im anderen, um des anderen willen und vermittelt durch das andere.

Transzendenz auf Gott und den Anderen

Wir wollen deshalb in einem weiteren Schritt zu klären suchen, wie sich dieses Verhältnis aus der Sicht der Transzendenz des Menschen darstellt: als Selbstverwirklichung im Hinausgehen aus sich selbst – woraufhin?

Virtuelle Transzendenz

Wir haben gesehen, daß wir als Menschen – ob wir es ausdrücklich wissen oder nicht, ob wir es wollen oder nicht – immer und in allem unbedingte Wahrheit, unbedingte Gutheit oder Werthaftigkeit, unbedingte Sinnhaftigkeit erstreben und voraussetzen, daher im aktuellen Vollzug, wenn auch unthematisch, mitbejahen. Wir können nicht darauf verzichten, ohne darin selbst wieder den unbedingten Anspruch vorauszusetzen; wir leben unausweichlich im Horizont des Unbedingten.

Daran wird deutlich, was Transzendenz des Menschen heißt. Er steht immer schon unter dem Anspruch des Unbedingten, bezogen auf das Absolute, wenn auch im Umgang mit bedingten und begrenzten Inhalten des Erkennens, Wollens und Handelns. Wenn ich das endliche und kontingente Seiende als unbedingt gültig anerkenne, dann bejahe ich das Unbedingte im Bedingten, das Absolute im Relativen. Das Endliche und Kontingente hat seine unbedingte Geltung nur, weil und insofern es in der Absolutheit des Seins gesetzt ist. Daher bejahe ich darin, im Aktvollzug impliziert, das Unbedingte als Bedingung alles Endlichen. Der geistige Akt ist immer schon – a priori – ein Ausgriff auf das absolute Sein, nur dadurch ermöglicht und in seiner Eigenart konstituiert. Er ist ausgezeichnet durch die ihm wesenseigene Offenheit und Hinordnung, die virtuelle Transzendenz auf das Unendliche.

Kann man das Absolute, auf das wir wesenhaft bezogen sind, schon „Gott" nennen? Ja und nein. Gemeint ist dasselbe, das absolute Sein, das wir im religiösen Glauben personal als Gott ansprechen dürfen. Aber seine Wirklichkeit ist noch verhüllt, noch nicht ausdrücklich erfaßt. Erreicht ist bisher nur das Unbedingte als Bedingung alles Bedingten, das Unendliche als Bedingung alles Endlichen, das Sein als Bedingung alles Seienden. Daß diese unbedingte Bedingung eine in sich und aus sich seiende, absolute und unendliche Wirklichkeit, das „Sein selbst" (Thomas), ein geistig-personales Sein ist, das wir Gott nennen dürfen, muß noch in weiteren Schritten entfaltet werden.

Der Ausschluß des Endlichen

Hier geht es nicht um einen philosophischen Gottesbeweis. Hingewiesen sei nur darauf, daß er – auf dem bisher aufgedeckten Hintergrund – im wesentlichen in dem besteht, was wir (mit dem späteren Schelling) den „Ausschluß des Endlichen" nennen können. Es ist der Aufweis, daß die endlichen und kontingenten Dinge unserer Welt nicht selbst das absolute Sein sind, das wir in ihnen immer schon voraussetzen und im geistigen Akt bejahen; daß kontingent Seiendes, auch in seiner Gesamtheit, nicht das absolute „Sein selbst" ist, sondern dieses als „Anderes", als seinen, von ihm verschiedenen Seinsgrund voraussetzt; und daß der Mensch in seinem geistigen Wirken nicht selbst das absolute Sein ist, sondern dieses als unbedingte Bedingung des eigenen Selbstvollzugs immer schon voraussetzt und in allem unthematisch mit-bejaht.

Der Mensch ist ein endliches Wesen, er kann seine Begrenztheit nie abschütteln, nie unendlich werden. Aber als geistiges Wesen, d. h. als Vernunft- und Freiheitswesen, kommt ihm doch eine gewisse Unendlichkeit zu. Menschliches Sein und Wirken ist nie aktuell unendlich, sondern bleibt aktuell endlich. Doch ist dem Menschen potentielle oder (besser) virtuelle Unendlichkeit eigen: in dynamischer Hinordnung auf das Absolute. Sie meint die wesentliche, für den endlichen Geist konstitutive Bezogenheit auf das absolute Sein, die in jedem geistigen Akt immer schon als Bedingung seiner Möglichkeit mitvollzogen wird. Die Transzendenz erweist sich so als apriorische Bedingung geistigen Lebens.

Gott und der Andere

Das gilt von mir selbst und von *Anderen*. Damit kommen wir wieder zu den anderen Menschen, mit denen wir in Beziehung und Gemeinschaft stehen. Man spricht heute viel von allgemeinen Menschenrechten, die im unbedingten Wert und der Würde der Person begründet seien. Das ist richtig und wichtig, verlangt aber den Rückgang auf seinen letzten Grund. Kein endliches Wesen, auch kein Mensch ist das Absolute, das Sein selbst. Aber er ist vor allem anderen dadurch ausgezeichnet, daß er in Vernunft Gott erkennen, in Freiheit ihn anerkennen, sich also selbst – in eigenen Akten – auf ihn beziehen kann, weil er von vornherein auf ihn bezogen und ihm verantwortlich ist. Der Mensch – ich und der Andere – ist selbst nicht absolut; das ist nur Gott. Aber ihm ist, wenn ich so sagen darf, relative Absolutheit, bedingte Unbedingtheit eigen – wieder also: das Unbedingte im Bedingten, das Absolute im Relativen.

So ist jeder Mensch, biblisch gesprochen, Abbild oder Ebenbild Gottes (vgl. Gen 1,26f). Diese gewichtige Aussage der Schrift wird oft recht unbedacht angeführt. Es bleibt zu fragen, was den Menschen zum Abbild Gottes macht. Es ist sein geistiges Wesen, seine Vernunft, seine Freiheit und Verantwortung und damit seine Hinordnung auf Gott. Darin liegt der Grund des absoluten Wertes der Person und der allgemeinen, schlechthin unabdingbaren Menschenrechte. Ohne diesen metaphysischen und theologischen Hintergrund stehen sie, so oft sie auch beschworen werden, ohne letzten Grund im Leeren.

Daraus ergibt sich, daß der Mensch als geistig-personales Wesen immer schon (a priori) im Horizont des Absoluten lebt. Das hat sich gezeigt im unbedingten, unaufhebbaren Geltungsanspruch, den die Wahrheit der Erkenntnis und das verbindliche Sollen des Guten erhebt, vor allem aber der unbedingte, jeweils einmalige Personwert des Anderen, der von uns Achtung und personale Zuwendung verlangt, bis zu dem, was im biblischen Sinn „Liebe“ heißt. Es ist die Antwort auf eine, wenn auch bedingte Unbedingtheit, die uns im Anderen begegnet, im Letzten aber im Absoluten selbst, dem absoluten Sein Gottes, begründet ist.

Diese – wir können sagen – relative Transzendenz, nämlich auf die bedingte Unbedingtheit, die uns in Personwert des Anderen begegnet, ist menschlich von höchster Bedeutung. Ich brauche hier nicht auszuführen, daß wir aus der Gemeinschaft stammen und nur in menschlicher Gemeinschaft zu uns selbst kommen. Wir bleiben mit Anderen verbunden und auf Andere angewiesen, um selbst das zu sein oder zu werden, was wir eigentlich sind, und verpflichtet, jeden Anderen in seinem einmaligen Personwert um seiner selbst willen zu bejahen und zu achten, ihm Wohlwollen (eunoia, benevolentia) zu schenken und für den Anderen – um seiner selbst willen – dazusein.

Weil aber der personale Wert und die Würde des Menschen nur bedingt unbedingt oder relativ absolut ist, nämlich durch Relation auf das Absolute, weil aber anderseits das Absolute selbst, der unendliche Gott, nicht unmittelbar erfahrbar ist, wird der andere Mensch gewissermaßen zum Repräsentanten Gottes, zu seiner stellvertretenden Gegenwart, an der wir Gottes Züge, Gottes Antlitz in seinem Ebenbild erkennen, so daß er uns zum Vermittler zu Gott wird. Ich habe zuvor das Wort Fichtes genannt: „Der Mensch wird nur unter Menschen ein Mensch.“ Vielleicht darf ich ergänzend sagen: Der Mensch kommt nur durch Menschen zu Gott. Oder auch umgekehrt: Der Mensch kommt nur durch Gott zu den Menschen, d. h. daß wir den wahren Wert des Anderen erst erkennen, wenn wir ihn im Lichte Gottes sehen, auf ihn hin und von ihm her. Weil im Menschen der absolute Personwert nur in bedingter und begrenzter, oft auch in verhüllter oder verzerrter Gestalt begegnet, weist er über sich hinaus auf das einzig wahrhaft Unbedingte, das absolute Sein des unendlichen Gottes. Relative Transzendenz wird zu absoluter Transzendenz auf das Absolute selbst.

Transzendenz in diesem Sinne virtueller, aber auf das Absolute hingeordneter und ausgreifender Bewegung des Sich-selbst-Übersteigens ist, wie sich hier gezeigt haben kann, nicht etwas, das zum ansonsten voll konstituierten Wesen des Menschen nachträglich noch hinzukäme oder hinzukommen könnte, vielleicht bei besonders veranlagten, metaphysisch oder religiös begabten Menschen, sondern sie ist dasjenige, was das geistige Wesen des Menschen ursprünglich konstituiert. Der Mensch als geistig-personales Wesen in der Welt lebt im unbedingten Horizont des Seins durch seine wesenhafte Hinordnung auf das Absolute, des Seins selbst, auf Gott; und er wird umso mehr wahrhaft Mensch, je mehr er diese immer schon unthematisch mit-gewußte, mit-bejahte Hinordnung thematisch macht, d. h. die Transzendenz auf Gott ausdrücklich in Bewußtsein und Freiheit vollzieht. Dieser bewußte und freie Vollzug der Transzendenz ist aber – mit einem Wort – Religion, religiöser Glaube und religiöses Leben, vor allem in der persönlichen Beziehung auf Gott im Gebet. Deshalb hat Religion eine so große und unausrottbare Macht in der Menschheit – in ihrer Geschichte, aber auch in der Gegenwart –, weil sie in der wesenhaften, das geistig-personale Wesen des Menschen konstituierenden Transzendenz begründet und verwurzelt ist.

Man kann deshalb philosophisch nicht wahrhaft von Menschen sprechen, ohne von Gott zu sprechen – wie man nicht von Gott sprechen kann, ohne vom Menschen zu sprechen. Der Mensch ist nicht nur „In-der-Welt-Sein“, erst recht nicht in positivistischem oder materialistischem Sinn, sondern er ist gerade in der Welt „Sein für Andere“, im tiefsten Wesen „Sein zu Gott“, „Sein auf Gott hin“, wie schon Blaise Pascal sagt: „Der Mensch übersteigt unendlich den Menschen“.

Eine Bemerkung zum Abschluß: Wir sind hier dem Thema gemäß im Bereich philosophischen Denkens geblieben, ohne auf theologische Fragen auszugreifen. Wir wissen aber, daß die Transzendenz des Menschen erst in lebendigem Glauben an den Gott und Vater Jesu Christi wahrhaft vollzogen, darin aber als sinnvoll und dem ganzen Leben sinngebend erfahren wird. Ob und wieweit eine endgültige Erfüllung der Transzendenz des Menschen rein philosophisch aufgewiesen oder postuliert werden kann, will ich hier offen lassen. Im Glauben an das Wort Gottes wissen wir aber, daß alles unendliche Sehnen und Streben nach Gott seine überreiche Erfüllung finden soll, nicht durch menschliche Leistung, sondern durch die Allmacht der Liebe Gottes. Er hat „einen neuen Himmel und eine neue Erde“ (Offb 21,1) verheißen und uns darin zu ewigem Leben in seiner Herrlichkeit berufen. Das ist die letzte Antwort auf die Sinnfrage des Menschen und die endgültige Vollendung seiner Transzendenz auf Gott.

Jean Greisch

Sinn und Lebensorientierung

Für einen Philosophen ist es eine nicht sehr „geheuere", um nicht zu sagen eine geradezu „unheimliche" Situation, in einem Dom, angesichts des Ewigen Lichts, welches die Gegenwart des Allerheiligsten anzeigt, über die Sinnfrage zu sinnieren. Erst als ich die Einladung der Katholischen Akademie zu diesem Vortrag angenommen hatte, wurde ich mir der hiermit verbundenen Herausforderung voll bewusst. Um mir Mut zuzusprechen, las ich aufs Neue die bekannte, von Aristoteles überlieferte und von Heidegger zitierte Anekdote über Heraklit: „Von Heraklit erzählt man ein Wort, das er zu den Fremden gesagt habe, die zu ihm vorgelangen wollten. Herzukommend sahen sie ihn, wie er sich an einem Backofen wärmte. Sie blieben überrascht stehen und dies vor allem deshalb, weil er ihnen, den Zaudernden, auch noch Mut zusprach und sie hereinkommen hieß mit den Worten: ‚Auch hier nämlich wesen Götter an'."[1]

Leider bin ich mir nicht so sicher wie der „Dunkle" aus Ephesus, dass in den heutigen philosophischen Backstuben noch Götter anwesend sind. So tröste ich mich lieber mit einer jüdischen Anekdote, in der zwei fromme Juden über die abgründigen Geheimnisse der Heiligen Schrift disputieren. Der Frömmste von den beiden seufzt: „Je mehr ich mich in die Geheimnisse der Schrift vertiefe, umso mehr wird mir klar, dass ich gegenüber dem Allerhöchsten ein bloßes Nichts bin". Sein etwas realistischerer (und möglicherweise sogar gläubiger) Freund tröstet ihn mit folgenden Worten: „Mein Lieber, so groß bist Du nicht, dass Du es nötig hättest, Dich angesichts des Allerhöchsten herabzuwürdigen".

Die Einladung zu diesem Vortrag verdanke ich, wenn ich richtig informiert bin, der Tatsache, dass ich die Artikel „Sinn" und „Verstehen" in der neuen Ausgabe des *Lexikons für Theologie und Kirche*

[1] Aristoteles, De part. an. A 5, 645 a 17, vgl. Martin Heidegger, *Brief über den Humanismus*, in: Wegmarken, Frankfurt/M. [7]1974, S. 185.

„verbrochen" habe. In diesem Vortrag möchte ich daher einige der Gedanken erläutern, die mich bei der Abfassung des Artikels „Sinn" bewegt haben.

1. Fällt das Reich des Sinns mit den Grenzen der Sprache zusammen?

Bekanntlich leitet das Wort sich etymologisch vom Verbum *sinnan* ab, dessen Grundbedeutung die des Reisens, Gehens und Strebens ist. Sie spiegelt sich noch in den Begriffen „Sinnen" und „Besinnung" wieder, die soviel wie „geistig und gedanklich verfolgen" bedeuten. In der Umgangssprache handelt es sich um ein Wort mit verschwimmenden Rändern, dessen Bedeutung sich je nach Kontext wandelt. Grimms Wörterbuch etwa unterscheidet nicht weniger als vierundzwanzig Bedeutungen von „Sinn"!

Wenn wir diese sprachlichen Gegebenheiten bedenken, stellen sich uns mindestens zwei Fragen. Welche Wirklichkeitserfahrung und welcher Erfahrungsbegriff steckt hinter diesen und ähnlichen Wortprägungen und den entsprechenden Begriffsbestimmungen, die von den Sinnesorganen und deren Funktion im Erkenntnisprozess bis zu den geistigen Verstehensprozessen, dem Problem des „Gemeinsinns" und den sogenannten „geistlichen Sinnen" reichen? Kann die Philosophie, wie das heute vielfach geschieht, den Sinnbegriff einseitig auf die sprachlich-linguistischen Aspekte des Problems beschränken, oder gibt es eine Möglichkeit, die „Sinnfrage" in einen umfassenderen Horizont hineinzustellen?

Zweifellos markiert Gottlob Freges grundlegender Aufsatz: „Über Sinn und Bedeutung"[2] einen wichtigen Einschnitt im Umgang mit dem Begriff des „Sinns", der auf weiten Strecken nicht nur die Fragestellung der modernen Logik beherrscht, sondern ohne den auch der vielbesprochene sogenannte „linguistic turn" (John Passmore) unverständlich bliebe. Freges Grundeinsicht ist, dass die Eigentümlichkeit der sprachlichen Zeichen uns nicht nur erlaubt, bestimmte Gegenstände zu bezeichnen, sondern auch die Art und Weise ihres Gegebenseins auszudrücken. Auch wenn das Wort „Venus" als Plane-

[2] Gottlob Frege, *Über Sinn und Bedeutung*, in: Funktion, Begriff, Bedeutung. Fünf logische Untersuchungen, Göttingen 1975, S. 40–65.

tenbezeichnung einen eindeutigen „Sinn“ besitzt, so ist seine „Bedeutung“ verschieden, je nachdem ob wir uns auf den Abendstern oder den Morgenstern beziehen. Diese Grundunterscheidung von Sinngehalt und Bedeutungsgehalt wendet Frege nicht nur auf Objektbezeichnungen an, sondern auch auf Kennzeichnungen, Eigennamen und indexalische Ausdrücke, schließlich sogar auf Begriffswörter, ganze Sätze oder Teilsätze. Dabei ist sein Hauptanliegen, die Eigenständigkeit der logischen Sphäre als „drittes Reich“ gegenüber dem mentalen Bereich der bloßen Seelenzustände einerseits und der objektiven Wirklichkeit andererseits zu unterstreichen. So ist auch Freges These: „Die Bedeutung eines Eigennamens ist der Gegenstand selbst, den wir damit bezeichnen; die Vorstellung, welche wir dabei haben, ist ganz subjektiv; dazwischen liegt der Sinn, der zwar nicht mehr subjektiv wie die Vorstellung, aber doch auch nicht der Gegenstand selbst ist“[3], zu verstehen.

Die Schwierigkeiten, Freges Unterscheidung zwischen „Sinn“ und „Bedeutung“ in andere Sprachen zu übersetzen, zeigen, wie wenig selbstverständlich Freges Satz: „Wir drücken mit einem Zeichen dessen Sinn aus und bezeichnen mit ihm dessen Bedeutung“[4] ist. Es handelt sich hier um eine Terminologie, die auf die Bedürfnisse der Logik und der Erkenntnistheorie zugeschnitten ist, bei der alles auf den Wahrheitswert unserer propositionalen Ausdrücke ankommt. Deshalb betont Frege sehr nachdrücklich: „Das Streben nach Wahrheit ... ist es, was uns überall vom Sinn zur Bedeutung vorzudringen treibt.“[5]

2. Der „Schuh des Philosophen“ und die „Sinnfrage“

Es ist das grundlegende Verdienst Ludwig Wittgensteins, sich in seinem *Tractatus logico-philosophicus* den mit Freges Unterscheidungen verbundenen philosophischen Implikationen gestellt zu haben. Das Hauptergebnis seiner Besinnung ist, dass für ein Denken, das sich den Zwängen der logischen Begriffsschrift unterwirft, die Frage nach dem „Sinn des Lebens“ in den Bereich des „Mystischen“ gehört, über das man nicht sprechen soll, sondern von dem man höchstens

3 Ebd., S. 44.
4 Ebd., S. 46.
5 Ebd., S. 48.

schweigen kann. Das Paradox besteht darin, dass selbst diese Einsicht sich nicht in einer angemessenen Sprache formulieren lässt. Dies verdeutlicht das berühmte Bild von der wegzuwerfenden Leiter (das übrigens aus der Tradition der antiken Skeptiker stammt) im vorletzten Aphorismus des *Tractatus*:

„Meine Sätze erläutern dadurch, dass sie der, welcher mich versteht, am Ende als unsinnig erkennt, wenn er durch sie – auf ihnen – über sie hinausgestiegen ist. (Er muss sozusagen die Leiter wegwerfen, nachdem er auf ihr hinaufgestiegen ist.)

Er muss diese Sätze überwinden, dann sieht er die Welt richtig.“[6]

Für den Vertreter des „gesunden Menschenverstands“ und Fürsprecher des „common sense“ (auch dies ein Sinnbegriff!), dem bei einer so komplizierten philosophischen Akrobatik Hören und Sehen vergeht, liegt die Schlussfolgerung auf der Hand: „Alles Unsinn“. – Sollte dies der langen (nicht sehr langen, aber desto mühseligeren) Abhandlung kurzer Sinn gewesen sein?

Tatsächlich haben viele Neopositivisten aus diesen Sätzen Wittgensteins die Folgerung gezogen, dass alle metaphysischen und theologischen Aussagen einem generellen Sinnlosigkeitsverdacht verfallen und dementsprechend den Satz aufgestellt, dass nur eine verifizierbare Aussage sinnvoll ist. Mit Carnap gesprochen bedeutet dies, dass die Metaphysiker und Theologen insgesamt ihren Beruf verfehlt haben: Sie versuchen etwas in propositionale Ausdrücke zu kleiden, was sich nur rein expressiv, etwa in der „Sprache“ der Musik oder anderer Kunstgattungen ausdrücken lässt.

Bekanntlich hat jedoch die nachfolgende Diskussion gezeigt, dass das sogenannte Verifikationskriterium, das den Sinn eines Satzes von seinen Verifikationsbedingungen abhängig macht, in sämtlichen Formen unvertretbar ist. Dennoch bleibt die antimentalistische, gegen den Psychologismus gerichtete polemische Spitze auch dort erhalten, wo die Sprachphilosophie stärker in eine pragmatische Richtung umschwenkt, die Wittgensteins bekanntes Diktum in den *Philosophischen Untersuchungen* widerspiegelt: „Meaning is use“. Nur der Gebrauch, d. h. die Art und Weise, wie wir mit einem Wort innerhalb eines bestimmten „Sprachspiels“ umgehen, entscheidet über dessen Sinn.

---

[6] Ludwig Wittgenstein, *Tractatus logico-philosophicus, 6.54*, Schriften I, Frankfurt/M. 1969, S. 83.

3. Kann man sinnvollerweise vom „Sinn des Lebens" reden?

Unbeschadet des beträchtlichen Perspektivenwandels, den die pragmatische Wende des späten Wittgenstein nach sich zieht, liefert sie uns keinen Anlass, den Sinnbegriff vor einem anderen Horizont als dem der sprachlichen Artikulierung unserer Welterfahrung zu entfalten. Dennoch finden sich, was meistens übersehen wird, gerade beim frühen Wittgenstein Ansätze zu einer ganz anderen Entfaltung des Sinnbegriffs, mit der ich mich im Folgenden etwas näher beschäftigen möchte.

Blättert der aufmerksame Leser in Wittgensteins Kriegstagebüchern, so fällt auf, dass dessen anfänglichen, sehr abstrakte und technische Überlegungen über die Grundstruktur des Satzes als Modell der Wirklichkeit, oder noch grundsätzlicher, über die Möglichkeit einer „allumfassenden Darstellung der Welt durch die Sprache",[7] die ihren Niederschlag in einer „allumfassenden, weltspiegelnden Logik"[8] finden, schlagartig im Juni 1916 eine neue Wendung erhalten, die man fast mit einem Erdbeben vergleichen könnte.

Unterschwellig kündigen sich die ersten Stöße dieses Bebens in einigen kurzen Notizen zur Aufgabenstellung der Philosophie als solcher an. Am Anfang der Tagebücher finden wir die Behauptung, „dass die Logik für sich selbst sorgen soll".[9] Dies führt unmittelbar zur Frage, worin in diesem Fall die Aufgabe der Philosophie, die als „Philosophie der Logik" ausgedient hat, noch bestehen kann.[10] Charakteristisch für Wittgensteins Denkstil ist, dass er diese Frage in der Schwebe hält. Auf weiten Strecken könnte man daher den Eindruck gewinnen, dass diese Frage ihn gar nicht mehr interessiert, und dass er sich damit begnügt, rein technische Fragen der logischen Analyse befriedigend zu lösen. So könnte man auch die Eintragung des 1. Mai 1915: „Es ist eine Hauptkunst des Philosophen, sich nicht mit Fragen zu beschäftigen, die ihn nichts angehen"[11] ironisch verstehen.

Gehört zu diesen Fragen, die den Philosophen „nichts angehen" nicht auch in erster Linie die sogenannte „Sinnfrage"? Einen Monat

[7] Ebd., S. 99.
[8] Ebd., S. 129.
[9] Ebd., S. 89.
[10] Ebd., S. 90.
[11] Ebd., S. 135.

später notiert der in Soldatenstiefeln steckende Soldat Wittgenstein: „Eine der schwersten Aufgaben des Philosophen ist es zu finden, wo ihn der Schuh drückt".[12] Berücksichtigt man den Kontext dieser Aussage, so scheint es sich nur um die spezifischen Schwierigkeiten einer angemessenen Beschreibung der logischen Tiefenstruktur der Sätze der Umgangssprache zu handeln.[13] Die nachfolgenden Tagebucheintragungen weisen allerdings darauf hin, dass den Philosophen und Soldaten Ludwig Wittgenstein noch ein ganz anderer Schuh als der Schuh der Logik drückt. Dies bestätigt eine Eintragung vom 11. Juni 1916, die sich fast wie ein minimalistisches philosophisches Glaubensbekenntnis lesen lässt:

> *„Was weiß ich über Gott und den Zweck des Lebens?*
> *Ich weiß, dass diese Welt ist.*
> *Dass ich in ihr stehe, wie mein Auge in seinem Gesichtsfeld.*
> *Dass etwas an ihr problematisch ist, was wir ihren Sinn nennen.*
> *Dass dieser Sinn nicht in ihr liegt, sondern außer ihr.*
> *Dass das Leben die Welt ist.*
> *Dass mein Wille die Welt durchdringt.*
> *Dass mein Wille gut oder böse ist.*
> *Dass also Gut und Böse mit dem Sinn der Welt irgendwie zusammenhängt.*
> *Den Sinn des Lebens, d. i. den Sinn der Welt, können wir Gott nennen.*
> *Und das Gleichnis von Gott als einem Vater daran knüpfen.*
> *Das Gebet ist der Gedanke an den Sinn des Lebens."*[14]

Versucht man, abgesehen von der kristallenen Klarheit des sprachlichen Ausdrucks, sich mit dem gedanklichen Inhalt dieser Sätze zu befassen, dann tun sich hinter jedem Satz verwirrende Abgründe und Fragezeichen auf, die den dunkelsten Sprüchen Heraklits ebenbürtig sind. Wittgenstein selbst scheint sich dieser Tatsache bewusst gewesen zu sein, wie das Eingeständnis: „Die völlige Unklarheit aller

---

[12] Ebd., S. 152.

[13] „Die Abmachungen unserer Sprache sind außerordentlich kompliziert. Es wird enorm viel zu jedem Satz dazugedacht, was nicht gesagt wird". Dies erklärt, warum der „Sinn des Satzes: ‚die Uhr liegt auf dem Tisch' komplizierter ist als der Satz selbst". (Ebd. S. 162)

[14] Ludwig Wittgenstein, Schriften 1, Frankfurt/M. 1969, S. 165.

dieser Sätze ist mir bewusst"[15] zeigt. Völlig überraschend für den Leser rückt in diesem Fragment der Gottesbegriff in unmittelbarer Verknüpfung mit dem Sinnbegriff ins Gesichtsfeld. War bisher von „Sinn" nur vor dem Hintergrund von Freges Unterscheidung von „Sinn" und „Bedeutung" die Rede, so erhält hier der Sinnbegriff eine völlig neue Bestimmung. „Sinn" heißt nunmehr soviel wie „Sinn der Welt" insgesamt und, noch schärfer: „Sinn des Lebens", was unmittelbar den Bezug auf das menschliche Handeln und die ethische Suche nach einem geglückten Leben und damit auch die Gottesfrage einschließt.

Einen Monat später, unter dem Datum des 8. Juli, finden wir eine Eintragung, die sich als eine Art Echo und als Ansatz eines Kommentars der letzten Sätze verstehen lässt:

> *„An einen Gott glauben heißt, die Frage nach dem Sinn des Lebens verstehen.*
> *An einen Gott glauben heißt sehen, dass es mit den Tatsachen der Welt noch nicht abgetan ist.*
> *An einen Gott glauben heißt sehen, dass das Leben einen Sinn hat."*[16]

Wittgensteins „Credo", eine Art von „Memorial" im Sinne Pascals, ist an einer einzigen, eigentümlich in der Schwebe gehaltenen Frage aufgehängt: „Gott und den Zweck des Lebens?" Auffallend an dieser Frage ist, dass in ihr der Sinnbegriff als solcher nicht vorkommt, sondern mit der Formel: „Zweck des Lebens" umschrieben wird. Ist dies ein Zufall? Keineswegs! In der Tat ist „Sinn", philosophiegeschichtlich betrachtet, eine Kategorie, die sich als solche erst im Gefolge von Kants *Kritik der Urteilskraft* herausgebildet hat und erst, wie Herbert Schnädelbach nachgewiesen hat, im Zusammenhang mit den nachidealistischen Kategorien des „Verstehens" und des „Lebens" ihre kategoriale Eigenständigkeit gewinnt. Das wachsende Interesse, das man dieser Kategorie zuwendet, lässt sich nur im Zusammenhang der von Kant eingeleiteten „anthropologischen Wende" recht verstehen. „Was ist der Mensch?" – In diese Frage münden Kant zufolge alle übrigen Fragen, in denen sich die Grundinteressen der Vernunft

[15] Ebd., S. 172.
[16] Ebd., S. 166–167.

widerspiegeln („Was kann ich wissen?“, „Was soll ich tun?“, „Was darf ich hoffen?“).

Natürlich bedeutet das keineswegs, dass vor Kant die „Sinn“-Frage überhaupt keine Rolle im Denken gespielt hätte. In Wirklichkeit trat sie in einer anderen, mehr „objektiven“ Gestalt auf: nämlich im Gewande des Zweckbegriffs. Diese Bedeutungsverschiebung erklärt, warum heute zumeist die Gottesfrage mit der Sinnfrage verbunden wird, während sie früher eher in teleologischen und kosmologischen Kontexten angesiedelt war. Meine Vermutung ist, dass der sogenannte „physikoteleologische“ Gottesbeweis, der Kant zufolge der einleuchtendste und der natürlichen Vernunft am leichtesten zugängliche aller Beweise ist, früher in etwa die Rolle spielte, die wir heute der Sinnfrage in Bezug auf die Gottesfrage aufbürden. Dies bedeutet möglicherweise, dass Kants kritische Einwände gegen den teleologischen Gottesbeweis sehr wohl auch auf einen allzu leichtfertigen apologetischen Umgang mit der Kategorie „Sinn“ zutreffen könnten.

Wenn diese Vermutung zutrifft, dann ist das Vorkommen des „Zweck“-begriffs in Wittgensteins Fragestellung kein Zufall. Freilich betrifft seine Frage nicht den Zweck der Welt als solcher, sondern den „Zweck des Lebens“.

Versuchen wir, im Hinblick auf die Sinnfrage Wittgensteins Antworten auf die von ihm aufgeworfene Frage nach der Möglichkeit einer Verknüpfung des Gottesbegriffs mit dem Begriff des „Zwecks des Lebens“ vor dem Hintergrund der Kantischen Bestimmung der Grundinteressen der Vernunft zu erläutern.

1. „Was kann ich wissen?“ – So lautet Kant zufolge die erste Grundfrage der Vernunft, die er in der Kritik der reinen Vernunft zu beantworten versucht.

> *„Ich weiß, dass diese Welt ist.*
> *Dass ich in ihr stehe, wie mein Auge in seinem Gesichtsfeld.*
> *Dass etwas an ihr problematisch ist, was wir ihren Sinn nennen.*
> *Dass dieser Sinn nicht in ihr liegt, sondern außer ihr.“*

In diesen vier knappen Sätzchen fasst Wittgenstein seine eigene Antwort auf dieselbe Frage zusammen. So dürftig, wie sie auch auf den ersten Blick erscheinen, enthalten sie dennoch gewaltigen philosophischen Sprengstoff. „Diese Welt“, die Gegenstand unseres Wissens ist, ist die Welt der Tatsachen, oder, in der Sprache des Einleitungsaphorismus des *Tractatus*, die Summe alles dessen, „was der Fall ist". Sie ist das ständige Gegenüber des erkennenden Subjektes.

Darüber vergisst man leicht, dass wir selbst Teil dieses Weltganzen sind. Freilich ist unsere Stellung gegenüber der Welt eine sehr eigentümliche, die Wittgenstein in dem von ihm häufig gebrauchten Bild des Gesichtsfeldes ausdrückt. Die Welt stellt sich unserem Auge als ein umfassendes Gesichtsfeld dar. Nun enthält jedes Gesichtsfeld mindestens einen „blinden Fleck": Das die Welt erblickende Auge kann sich selbst nicht erblicken, oder, anders ausgedrückt, das erkennende Subjekt kann sich nicht als Tatsache unter vielen anderen, als etwas, „was der Fall ist" verstehen. So verstanden ist das Subjekt Teil der Welt und zugleich Grenze jener Welt, die wir in ihrer „Objektivität" zu verstehen versuchen.

Dies ist die grundlegende Einsicht, die es uns erlaubt, den Sinnbegriff in unsere Fragestellung einzuführen. Wir wissen oder wir erkennen, sagt Wittgenstein, dass an dieser unserer Welt, die wir mit den Mitteln des wissenschaftlichen Erkennens zu verstehen versuchen, etwas „problematisch ist, was wir ihren Sinn nennen". Wohlbemerkt: etwas *an* ihr, nicht *in* ihr! In der Tatsachenwelt finden wir keinen Sachverhalt oder keine Urtatsache, die über den „Sinn" aller übrigen Tatsachen entscheiden würde. Anstatt aber mit den Positivisten jeder Couleur zu folgern, dass die „Tatsachen" das letzte Wort behalten, folgert Wittgenstein umgekehrt, dass die Welt als solche von Grund auf fragwürdig, d. h. „problematisch" ist.

Was ist der Grund dieser Fragwürdigkeit? Die Antwort liefert der folgende Satz. Wir wissen auch, dass der Sinn dieser Welt in der wir „stehen" (oder, in der Sprache Heideggers, in der wir uns „befinden" und auf die wir mehr oder weniger gut „eingestimmt" sind) „nicht in ihr liegt, sondern außer ihr". Natürlich wäre es verfehlt, aus diesen Sätzen den Hinweis auf eine über- und außerweltliche Ordnung, bzw. auf ein religiöses oder metaphysisches „Jenseits" herauszulesen. Wittgenstein sagt nicht, *worin* der Sinn der Welt besteht, er weist uns nur darauf hin, *dass* die Sinnfrage nur im Zusammenhang mit der Transzendenz unseres In-der-Welt-seins erörtert werden kann.

2. „Was soll ich tun?", lautet Kants zweite Grundfrage, die über den Sinn des menschlichen Handelns entscheidet, wie Kant in der *Kritik der praktischen Vernunft* zu zeigen versucht. Ich schlage vor, die vier

folgenden Sätze in Wittgensteins philosophischem Glaubensbekenntnis vor dem Hintergrund dieser Frage aufzuschlüsseln.

Ich weiß, „dass das Leben die Welt ist“: Offenbar läutet dieser Satz eine neue Wende ein. War bisher nur von der Welt als Insgesamt aller Tatsachen und Sachverhalte die Rede, so rückt jetzt der Weltbegriff mit dem des Lebens zusammen. Wittgenstein selbst gibt uns keinen Hinweis darauf, wie er diesen Übergang rechtfertigt. Mein Vorschlag in dieser Hinsicht wäre, ihn vor dem Hintergrund einer von Kant in seiner Anthropologievorlesung gebrauchten Metapher zu verstehen, in der vom „großen Spiel des Lebens“ die Rede geht. Die Welt ist für uns nicht nur Gegenstand der Wissensbemühung, sondern auch ein Handlungsfeld, in der sich das „große Spiel des Lebens“ in seinen unzähligen tragischen oder komischen Spielarten abwickelt.

Dass es tatsächlich hier um das Problem der menschlichen Betätigung und der hiermit verbundenen Frage nach dem Sinn des menschlichen Handelns überhaupt geht, das machen die folgenden Sätze klar. Mein „Wille“ durchdringt die Welt, insofern er auf sie einwirkt und neue Tatsachen, „böse“ oder „gute“ schafft. Die Quelle des moralischen Handelns ist der gute oder böse Wille. Von mir allein hängt es ab, ob ich die Welt positiv oder negativ beeinflusse. Durch die Einsicht, dass „Gut und Böse mit dem Sinn der Welt irgendwie zusammenhängt“ gewinnt die Besinnung auf die Sinnfrage eine neue Dimension, die den Hintergrund aller übrigen Erörterungen bildet.

3. „Was darf ich hoffen?“, lautet Kants dritte Grundfrage, die über den der Philosophie zugänglichen Sinn der Religion („innerhalb der Grenzen der bloßen Vernunft“) entscheidet. „Hoffnung“, und die durch sie erschließbaren Sinnhorizonte sind weder eine Frage des „Könnens“ noch des „Sollens“ oder „Müssens“ („Was *kann* ich hoffen?“ ist eine ebenso sinnlose Frage wie die Frage: „Was *soll* ich hoffen?“).

Haben wir Grund zur Vermutung, dass Wittgensteins Schlusssätze zu dieser Frage in Beziehung gebracht werden können, unbeschadet der Tatsache, dass das Verbum „Hoffen“ nicht in ihnen vorkommt? Ich glaube schon. An der Tatsache, dass Wittgenstein, genau so wie Kant, an der Frage der Bedingung der Möglichkeit des Glaubens an Gott interessiert ist, und dass diese innerlich mit der Sinnfrage zusammenhängt, kann kein Zweifel bestehen, wie die bereits oben zitierten Sätze zeigen:

„An einen Gott glauben heißt, die Frage nach dem Sinn des Lebens verstehen.
An einen Gott glauben heißt sehen, dass es mit den Tatsachen der Welt noch nicht abgetan ist.
An einen Gott glauben heißt sehen, dass das Leben einen Sinn hat.“

Mehr noch als die vorigen Sätze laden die drei Schlusssätze zum eindringlichen Nachdenken ein.

„Den Sinn des Lebens, d. h. den Sinn der Welt, können wir Gott nennen.“ Dieser Satz liefert uns die eigentliche Antwort auf die Titelfrage: „Gott und den Zweck des Lebens“. Wenn „Zweck des Lebens“ mit „Sinn des Lebens“ und „Sinn der Welt“ in dem eben erläuterten Sinn zu verstehen ist, dann „können wir“, so Wittgenstein, diesen Sinn auch „Gott“ nennen. Ich schlage vor, dieses „Können“ im Sinne des Kantschen „Dürfens“ zu verstehen. Wir „dürfen“ den Sinn des Lebens Gott nennen. Nichts zwingt uns dazu, nichts verbietet es uns: Es ist eine Möglichkeit, mit der wir „rechnen“ können, vielleicht ein „Wagnis“, ein „pari“ im Sinne Pascals.

Im folgenden Satz geht Wittgenstein noch einen Schritt weiter, indem er nahe legt, dass wir diese Möglichkeit, den „Sinn des Lebens“ Gott zu nennen, mit dem „Gleichnis von Gott als einem Vater“ verknüpfen können, anders gesagt, dass wir den „Sinn des Lebens“ als „Vater Unser“ anreden können. Zwei Punkte an dieser Formulierung scheinen mir besonders bemerkenswert.

Erstens spricht Wittgenstein von einem „Gleichnis“. Wie sollen wir diesen Ausdruck verstehen? Im banalen Sinn eines Vergleichs, einer vagen und unverbindlichen Analogie? Oder im Sinn einer „Metapher“, einer übertragenen Wortbedeutung? In diesem Fall stellt sich folgende Frage: Hat die Metapher Gottes als Vater eine rein ornamentale Bedeutung, d. h. ist sie nur eine bildliche, anthropomorphe Umschreibung des abstrakten Ausdrucks „Sinn des Lebens“, oder hilft sie uns den Begriff „Sinn des Lebens“ gründlicher zu verstehen? Mit Paul Ricœur gehe ich davon aus, dass wir es auch heute noch mit einer „lebendigen Metapher“ und nicht mit einem abgenutzten Klischee zu tun haben. Schließlich kann man sich fragen, ob Wittgenstein nicht auch die Reich-Gottes-Gleichnisse Jesu vor Augen schwebten.

Der zweite wichtige Hinweis ist im Schlusssatz des Wittgensteinschen Credos enthalten: „Das Gebet ist der Gedanke an den Sinn des Lebens." Auch hier könnte man den Satz in einem oberflächlichen Sinn verstehen, wobei man ihn folgendermaßen umschreiben könnte: Beten ist nur eine etwas weniger anstrengende Art und Weise der Beschäftigung mit der Sinnfrage als die „Anstrengung des Begriffs", die Hegel zufolge dem Philosophen abverlangt wird. Ich glaube nicht, dass diese Auslegung Wittgensteins Besinnung gerecht wird. „Beten" ist ein menschlicher Grundakt, in dem wir eine spezifische Beziehung zum Sinn und Quell allen Lebens eingehen. Beten ist kein bloßer Niederschlag von Gedanken, die man auch in einer anderen Sprache anderswo vorfindet. Beten ist Denken in der Form des „Andenkens". In solchem „Andenken" erschließen sich Sinnhorizonte, die nur auf diesem Wege zugänglich werden. „La prière est l'attention naturelle de l'âme", sagt Malebranche, ein Satz, den auch Paul Celan in seiner berühmten Rede „Der Meridian" anlässlich der Verleihung des Büchnerpreises in Darmstadt zitiert. Diesen Satz würde ich im Zusammenhang unserer Überlegungen folgendermaßen erläutern: Beten ist das natürliche Aufmerken der Seele auf die Quelle allen Sinns.

4. Ehe ich mich von Wittgenstein verabschiede, um einige persönlichere Schlussfolgerungen zu ziehen, möchte ich mich einer letzten Frage zuwenden. Angenommen, dass ich mich mit meinem Vorschlag, Wittgensteins „Glaubensbekenntnis" vor dem Hintergrund der Kantischen Bestimmung der Grundinteressen der Vernunft zu durchdenken, nicht auf einen Holzweg begeben habe, dann stellt sich unweigerlich die Frage: Was wird aus der vierten und letzten Frage: „Was ist der Mensch?". Von ihr ist in dem besprochenen Passus offenbar keine Rede. Bedeutet das, dass Wittgenstein diese Frage absichtlich aus seiner Erläuterung der Sinnfrage ausklammert? Ich glaube nicht. Einen, freilich sehr versteckten Hinweis auf eine mögliche Antwort finden wir in einem anderen Passus der Kriegstagebücher.

„Was ist der Mensch?" – Auf diese Frage antwortet der königlich-kaiserliche Soldat Wittgenstein, der sich wohl bewusst ist, dass er nur ein beliebig-auswechselbares Glied in der gewaltigen Tötungsmaschinerie des Ersten Weltkriegs ist: Der Mensch ist das Lebewesen, das sich der Einzigkeit seines Lebens bewusst ist. So jedenfalls könnte man den wohl dunkelsten Passus der Kriegstagebücher verstehen:

„Wie sich alles verhält, ist Gott.
Gott ist, wie sich alles verhält.
Nur aus dem Bewusstsein der Einzigkeit meines Lebens
entspringt Religion – Wissenschaft – und Kunst."[17]

Ich bin nicht verwegen genug, um an dem hier vorausgesetzten Gottesbegriff herumzudeuteln. Ich begnüge mich mit der Feststellung, dass die Sinnfrage, wie sie überall in den erwähnten Passagen vorausgesetzt wird, nur für den sinnvoll ist, der sich der Einzigkeit seines Lebens, und zugleich damit mit Levinas gesprochen, der Einzigkeit des Anderen bewusst bleibt.

Das Bewusstsein unserer Einzigkeit erklärt Wittgenstein zufolge, warum der Mensch die Sinnfrage über den Weg der Religion, der Wissenschaft und der Kunst zu beantworten versucht. Wenn diese drei nur Spiegelungen der Einzigkeit unseres Lebens sind, dann können sie nicht jede für sich oder alle drei zusammen beanspruchen, die ursprüngliche Quelle dieses Bewusstseins unserer Einzigkeit zu sein. Dass die Wissenschaft, so wie sie sich heute versteht, und in Laboratorien überall auf der Welt praktiziert wird, diesem Anspruch nicht gerecht wird, liegt auf der Hand. Etwa die „Biologie": Inwiefern wird sie noch ihrem traditionellen Begriff einer „Wissenschaft des Lebens" gerecht? In seinem Buch: *La logique du vivant* fordert der große französische Genforscher und Nobelpreisträger François Jacob klar und deutlich, dass die moderne Biologie am besten auf diesen Namen verzichten sollte. Gerade in diesem Bereich werden ja die Debatten über die Einzigkeit des Lebens am heftigsten geführt. Wenn schon der Begriff „Leben" immer fragwürdiger wird, um wie viel mehr der Begriff „Einzigkeit des Lebens" und „Sinn des Lebens" überhaupt! Was für die Genforschung im Besonderen gilt, das können wir unschwer auf die moderne Wissenschaft überhaupt übertragen: Sie verhindert eher das Bewusstsein von unserer Einzigkeit, als dass sie es fördert.

Wie steht es mit der Religion? Für viele Religionsphilosophen ist diese Verknüpfung eine fast selbstverständliche Tatsache. Allerdings belegt ein Blick in die Religionsgeschichte uns, dass nur unter bestimmten Bedingungen und im Horizont eines bestimmten Gottesverständnisses der *homo religiosus* sich seiner „Einzigkeit" oder, biblisch ausgedrückt, sich seiner „Erwählung" bewusst wird. Auch in der

[17] Ebd., S. 171.

Religion kann die „Einzigkeit“ eher als eine Bürde denn als eine Würde und ein Segen empfunden werden. Ist dies nicht der Grund, der erklärt, warum in Bernardo Bertoluccis Film über Buddha das Rad der Wiedergeburten eher als eine Verheißung, denn als eine Verdammung erscheint?

Schließlich die Kunst: Auch hier wäre zu fragen, inwiefern und in welchem Sinn die Wahrheit der Kunst uns das Bewusstsein der Einzigkeit unseres Lebens vermittelt.

4. „Sinnsuche" und Lebensorientierung

Wie das sprichwörtliche biblische Kamel habe ich versucht, einen Zugang zur Sinnfrage über das Nadelöhr der Wittgensteinschen Tagebücher zu verschaffen. An der Tatsache, dass es noch viele andere mögliche Zugänge gibt, besteht kein Zweifel. Aber vielleicht ist der hier gewählte Weg, den ich mit der Rätselfrage abschließe: Welcher Art von „Sinn“ verdanken wir das Bewusstsein der Einzigkeit unseres Lebens?, weniger anfällig gegenüber dem Vorwurf, den Mund zu voll zu nehmen als die geradezu plethorische Verwendung des Sinnbegriffs, die manche Lebensphilosophen und Existenzphilosophen auszeichnet. Zwar gilt immer noch, dass die existenzielle Frage nach dem „Sinn des Lebens“, bzw. des Daseins, ein besonderes Schwergewicht angesichts der Gefahr der Absurdität und des Nihilismus erhält. Allerdings hat die bis heute andauernde Debatte über den Nihilismus und dessen Symptome gezeigt, dass viele heute im öffentlichen Diskurs zirkulierende Begriffe, die zum Teil zu Schlagworten geworden sind („Sinnbedürfnis“, „Suche nach Sinn“, „Sinnfrage“, „Sinnstiftung“, „Sinnangebot“, „Sinnverlust“, usw.), ihre Wurzeln in unkritisch übernommenen Themen der Existenzphilosophie haben und eher als Symptome des „unheimlichsten aller Gäste“, nämlich des Nihilismus, denn als dessen Gegenmittel erscheinen.

Als erstes positives Ergebnis meiner Überlegungen halte ich fest, dass „Sinn“, als umfassendes menschliches Phänomen verstanden, mindestens ebenso viel mit dem Bedürfnis nach Orientierung im „Leben“, d. h. auch im Handeln und Hoffen, und in der Zeit überhaupt, wie mit der Frage nach dem Sinn sprachlicher Ausdrücke oder Texte zu tun hat. Auch in religionsphilosophischer Hinsicht lohnt es sich, von dieser umfassenden Bedeutung auszugehen, wie es Franz Rosenzweig getan hat. Damit ergeben sich gewisse Überschneidungen mit dem Begriff „Heil".

Ein Religionsverständnis, das diese, d. h. die Religion, nur als Sinnangebot versteht, läuft allerdings Gefahr, andere Aspekte des Phänomens „Religion" zu übersehen. Die geläufige Verkoppelung der Sinnfrage mit der Gottesfrage zieht die Gefahr eines apologetischen Missbrauchs nach sich. In der Tat sollten wir uns der mit dem Sinnbegriff verbundenen „transzendentalen Illusionen" bewusst sein, die häufig ihre Ursache in einer voreiligen Verbindung der Begriffe „Heil" und „Sinn" haben. Alles „Heillose" ist nicht unbedingt „sinnlos". Gegen bestimmte Vertreter einer gewissen „Logotherapie", die den „Sinn" als Allheilmittel verstehen, möchte ich die Meinung vertreten, dass die Menschen eher an zu viel unerträglichem als an zu wenig nicht verfügbarem „Sinn" leiden oder sogar zugrunde gehen. Ihr Problem ist nicht so sehr „Sinnlosigkeit", als „Ausweglosigkeit".

Damit möchte ich nicht unbedingt die Definition der sich mit sinnkonstituierenden psychischen und sozialen Systemen beschäftigenden Systemtheoretiker übernehmen, für die Sinn, mit Niklas Luhmann gesprochen, nur „eine besondere Form der Reduktion von Komplexität, die zugleich komplexitätserhaltend oder auch komplexitätssteigernd wirkt", ist.

Manche gut vermarktete „Sinnangebote" sehen mir verdächtig aus, weil sie auf etwaige in uns vorhandene Hohl- und Leerräume spekulieren, die sie mit einem fertig lieferbaren „Sinngehalt" aufzufüllen bereit sind. „Sinn" wird dabei zu einer vermarktbaren Ware und damit können wir uns die Mühe einer Auseinandersetzung mit den Fragwürdigkeiten unseres Daseins ersparen. Überall dort, wo die „Sinnfrage" nach dem Gesetz von „Angebot" und „Nachfrage" gelöst wird, ist höchste Vorsicht geboten, weil solche „Sinnangebote" ideologie- und illusionsverdächtig sind.

Seit Dilthey gilt der Sinnbegriff als unterscheidendes Merkmal des geisteswissenschaftlichen Verstehens gegenüber dem naturwissenschaftlichen Erklären. Für die philosophische Hermeneutik ist die enge Verbindung zwischen dem Sinnbegriff und dem Begriff Verstehen kennzeichnend. Auch wenn der Sinnbegriff sich zunächst auf Texte bezieht (etwa in Form der mittelalterlichen Lehre vom „vierfachen Schriftsinn"), lässt er sich auf die Verstehensprozesse insgesamt anwenden, die innerseelische Vorgänge, geschichtliche Ereignisse, soziale Interaktionen oder Handlungsabläufe betreffen.

Die philosophische Hermeneutik verstehe ich mit Ricœur als eine Theorie des Sinnverstehens im Umgang mit Texten und mündlichen Äußerungen. Wichtig scheint mir, dass man den Prozess der Sinneignung als einen produktiven Akt versteht, anstatt dass man nur das passive Moment der bloßen „Kenntnisnahme" berücksichtigt, wie das in früheren Analysen des Glaubensaktes häufig der Fall war.

Wenn der Verstehensprozess bzw. der Prozess der Sinnaneignung oder der Sinnfindung nur unter diesen Voraussetzungen stattfindet, dann bedeutet das, dass er immer auch eine Besinnung auf die geschichtliche Verfasstheit alles Sinnverstehens voraussetzt. Dies gilt auch und nicht zuletzt für den Umgang mit den biblischen Texten. Eines der tiefsten Prinzipien der mittelalterlichen Hermeneutik finden wir bei Gregor dem Großen, einem der Haupttheoretiker des „moralischen Schriftsinns": „Scriptura cum legentibus crescit", „Die Schrift wächst mit ihren Lesern". Dies erklärt, so Gregor, warum die Heilige Schrift einem großen Fluss vergleichbar ist, in dem die Elefanten baden können, und den die Lämmer auf einer Furt durchqueren können, ohne Gefahr zu laufen, zu ertrinken, eine Gefahr, der schon mehr als ein Lamm bei der Lektüre philosophischer Traktate erlegen ist!

Wenn die Schrift mit ihren Lesern wächst, dann bedeutet das, dass ihr Sinn nicht ein für alle Mal festgeschrieben ist, sondern je nach unserer Situation, je nach unserem Verständnishorizont, je nach dem Bewusstsein, das wir zur Zeit von der Einzigkeit unseres Lebens haben, uns eine Aussicht in neue Sinnhorizonte eröffnet.

„Sinn" und „Horizont" sind auch Schlüsselworte der zeitgenössischen Phänomenologie, sowohl der Husserls als auch der Heideggers. Heidegger verdanken wir es, dass er den Bezug zwischen den Grundstrukturen des menschlichen *Daseins*, die sämtliche in der Sorge und der „Angst" als Grundbefindlichkeit begründet sind, und der philosophischen Grundfrage nach dem „Sinn von Sein" überhaupt neu entdeckt hat. Der hier vorausgesetzte „Sinnbegriff" führt uns weit über die Ansätze, die ich im Ausgang von Wittgenstein auszuarbeiten versucht habe, hinaus. In dieser ontologischen Ausrichtung findet er wiederum Anschluss an die ursprüngliche Weite des Logosbegriffs.

In dieser Hinsicht gibt es wohl keinen besseren Abschluss dieser Besinnung, deren fragmentarischen Charakters ich mir voll bewusst bin, als der 45. Spruch Heraklits, den ich nach der deutschen Übersetzung Bruno Snells zitiere: „Der Seele Grenzen kannst du nicht ausfinden, auch wenn du gehst und jede Straße abwanderst; so tief ist ihr Sinn."

Da ich meine Besinnung mit einer jüdischen Anekdote begonnen habe, möchte ich sie durch einen Passus aus dem Talmud ergänzen und. die von mir aufgeworfenen oder nicht aufgeworfenen, nicht oder schlecht beantworteten Fragen anhand eines talmudischen Disputs zwischen zwei Rabbinern, die zugleich Philosophen waren, beleuchten.

„Torah", so lautet bekanntlich das hebräische Grundwort für das, was wir heute mit dem Begriff „Lebensorientierung" zu umschreiben versuchen. Wo aber ist diese Torah antreffbar? Oben im Himmel, wo die ewigen Ordnungen der Gestirne herrschen, oder unten auf der Erde, wo die menschlichen Meinungen in unaufhörlichem Streit miteinander liegen? Dies ist genau die in *Baba Metzia 59b* erörterte Streitfrage zwischen Rabbi Eliezer und Rabbi Josuah. Bedarf die Torah eines Wunders als Beweis „aus Geist und Kraft" ihres göttlichen Ursprungs, oder bleibt die Erörterung ihres Sinns der Diskussion unter Fachgelehrten überlassen?

Nachdem alle Einwände Rabbi Eliezers für die übernatürliche Herkunft der Torah Schlag um Schlag entkräftet worden sind, tritt er die Flucht nach vorne an, indem er einen Johannisbrotbaum auffordert, sich um hundert Ellen zurückzubewegen. Der Baum bewegt sich getreulich von der Stelle, aber die Weisen lassen den Beweis nicht gelten. Auch das nächstfolgende Kraftstück, in dem Rabbi Eliezer einem Wasserfall befiehlt, aufwärts anstatt abwärts zu fließen, findet keine Gnade in ihren Augen. Daraufhin befiehlt er den Mauern des Lehrhauses, die Richtigkeit seiner Meinung zu bestätigen. Sofort neigen die Mauern sich und drohen einzustürzen. Rabbi Josuah aber, der Hauptgegenspieler Rabbi Eliezers, schilt die Mauern mit dem Verweis: „Wenn die Schüler der Weisen über eine Regel streiten, was geht das euch an?" Aus Achtung vor Rabbi Josuah stürzen die Mauern nicht ein, aber aus Achtung vor Rabbi Eliezer richten sie sich auch nicht vollständig wieder auf, sondern behalten ihre Schräglage.

Auch wenn ich nicht einmal wie Levinas beanspruchen darf, ein „talmudiste du dimanche" zu sein, erlaube ich mir dennoch, diese Szene in Bezug zu unserer Besinnung zu setzen, die, wenn ich recht sehe, die Mauern des Doms zu Mainz um keinen Zentimeter bewegt hat.

Die erste Lehre, die ich dem Passus entnehme, ist, dass wir uns hüten sollten, die Rede von Sinn an weltlichen Tatsachen, wie „wunderbar" sie sich auch ausnehmen, festzubinden.

Die zweite ist, dass der Streit über die Immanenz oder Transzendenz des Sinns unentscheidbar ist. Dies deutet die Talmudstelle an, indem sie den Disput in einer fast sophistischen Art und Weise schlichtet. Rabbi Eliezer hat Recht, wenn er behauptet, dass die Thora von Oben, vom Himmel herab, zu den Menschen kommt. Aber Rabbi Josuah hat auch Recht, wenn er die Meinung vertritt, dass die Thora seit der Offenbarung am Sinaï nicht mehr im Himmel zu finden ist, sondern unter den Menschen, und d. h. auch im Menschenwort anzutreffen ist.

Bedeutet das, dass die Stimme der Mehrheit die Entscheidung über Sinn und Unsinn behält? Keineswegs! Vielmehr handelt es sich um die Erkenntnis, dass nur im gegenseitigen Aufeinanderhören die Quellen des Sinns erschlossen werden können, gerade auch dann, wenn die Sinnlosigkeit in der Gestalt des radikal Bösen das letzte Wort zu behalten scheint. Insofern kann man die endlosen heutigen Dispute in der Philosophie und der Theologie, wo es aus der einen Ecke: „Sinn des Seins“ ruft und aus der anderen Ecke „kommunikative Vernunft“ zurückschallt, auf sich beruhen lassen.

Das allerletzte Schlusswort möchte ich eher einem zeitgenössischen Dichter, der mehr als jeder andere sein Leben lang mit der „Sinnfrage“ und den Schatten der Sinnlosigkeit gerungen hat, überlassen. Ich lese Paul Celans Gedicht: „Anabasis“ aus der *Niemandsrose*: [18]

Anabasis

Dieses
schmal zwischen Mauern geschriebne
unwegsam-wahre
Hinauf und Zurück
in die herzhelle Zukunft.

Dort.

Silben-
mole, meer-
farben, weit
ins Unbefahrne hinaus.

---

[18] Paul Celan, Gesammelte Werke I, Frankfurt/M. 1983, S. 256–257.

Dann:
Bojen-,
Kummerbojen-Spalier
mit den
sekundenschön hüpfenden
Atemreflexen –: Leucht-
Glockentöne (dum· ,
dun-, un-,
unde suspirat
cor),
aus-
gelöst, ein-
gelöst, unser.

Sichtbares, Hörbares, das
frei-
werdende Zeltwort:

Mitsammen.

Karl Kardinal Lehmann

Sinnsuche und Offenbarung

I. Sinnsuche und ihre Erfüllung

Die Frage nach dem „Sinn“ ist eine Frage, die uns immer wieder in unserem Leben umtreibt, zu der uns die Unruhe unseres Herzens führt. Immer sind wir unterwegs – woher und wohin? Die damit gestellte Aufgabe zeigt sich im Wort „Sinn“, auch sprachgeschichtlich gilt dies. In ihm suchen wir nach der Richtung, nach dem Weg einer Sache, eines Verstehens, einer Handlung, schließlich nach dem Weg unseres Lebens. Sinn hat also immer schon mit Richtung und Weg zu tun. Ist etwas sinnvoll, dann zeigt es sich in seiner Bedeutung für mich. Niemals steht in der Sinnerfahrung ein einzelner Gegenstand für sich allein. Sinn gibt Orientierung in einem mehr oder weniger großen Zusammenhang. Es kann ein kleiner Kontext sein, es kann aber auch um die Richtung meines ganzen Lebens gehen. Oft versteht man auch den Sinn eines Ereignisses erst im Nachhinein, wenn man es im Zusammenhang anderer Begebnisse zu deuten und zu lesen versteht. Wir sagen dann mit Recht: „Jetzt geht mir ein Licht auf.“ Wir haben vorher etwas nicht verstehen können, wir haben keine Orientierung gefunden; jetzt löst sich das Rätsel auf, und wir verstehen Zusammenhänge und Sinn.

Dieser Sinn erschließt sich oft positiv für einen wichtigen Zusammenhang, z. B. für meine Arbeit, für das Spiel, für eine Freundschaft. Aber es gibt auch eine – negative – Bedrohung der Sinnhaftigkeit. Sie zeigt sich schon dann, wenn wir in unserer Orientierung durch Enttäuschung und Irrtum beeinträchtigt werden; der Sinn geht uns verloren. Wenn ein Vorhaben scheitert oder sich als vergeblich erweist, bemerken wir, dass so etwas wie Sinn nicht einfach vorhanden oder verfügbar ist, man muss oft erst danach suchen. Vielleicht muss er auch erst mühsam entdeckt werden. Der Sinn und die Suche nach ihm verlangen eine ganz besondere Aufmerksamkeit des Menschen. In vielen Fällen muss er in unserem Leben erst realisiert werden, was oft nur gegen große Widerstände erreicht werden kann.

Sinn soll sein. Nur wo Bereitschaft und Empfänglichkeit, Einsatz und Vernehmen gegeben sind, kann auch Sinn gefunden werden. Obgleich man Sinn nicht ohne unsere Zustimmung und Anerkennung finden kann, bedeutet dies doch längst nicht, dass wir ihn herstellen und konstruieren können. Er muss sich uns zuschicken und vielleicht sogar schenken. Die Sinnbedrohung kommt jedoch in eine ausgeprägte Lebenssituation des Menschen und verursacht dort oft eine besonders tiefe Krise. Wir erfahren dies in den Ereignissen von Vereinsamung, Schuld, Leiden und Krankheit, schließlich beim Tod eines nahestehenden Menschen. Hier geht es dann nicht mehr um eine beschränkte Welt des Sinnes, etwa der Arbeit und des Spiels, sondern hier steht offensichtlich die gesamte Richtung unseres Lebens in Frage. Hier entscheidet sich nicht, ob bloß dieses und jenes Sinn hat, sondern ob das Ganze der Möglichkeiten trotz schwieriger und widriger Erfahrungen im Lot ist. In der Krise schiebt sich eine negative Folie als Gesamthintergrund vor eine einzelne Bedrohung des Sinnes. Alles könnte sich als Absurdität erweisen, alles könnte im Nichts versinken, alles könnte sinnlos sein. Ein solcher radikaler Zweifel, der in verschiedene Stadien der Verzweiflung münden kann, kann uns in einer umfassenden Sinnkrise überkommen. Hier muss sich zeigen, ob der Sinn inmitten einer fast tödlichen Bedrohung standhält und Halt gibt. Die Sinnerfahrung kann dabei solche Ereignisse der Minderung und gar des Verlustes des Lebens nicht einfach beseitigen, aber sie kann die Last dieses Unheils erträglicher machen. Und darum kann sie auch dann noch trösten, wenn wir eine Schädigung unseres Lebens und einen schweren Verlust in unseren Lebensmöglichkeiten nicht verhindern können.

Gibt es einen solchen letzten Halt? Dies ist die Sinnfrage des Menschen inmitten seiner täglichen Lebenserfahrung. Sie bricht manchmal besonders deutlich auf. Vielfach scheint sie unter der Oberfläche unseres betriebsamen Lebens zu schlummern. Manche Zeiten scheinen fast ganz ohne diese Frage auszukommen. Die Sinnfrage erscheint dann zeitweilig wie in einer Art von Winterschlaf. Sie meldet sich zwar immer wieder, aber wir lassen sie aus Angst auch nicht wirklich vor uns kommen und verweigern uns ihrer Herausforderung. Wenn sie jedoch lange verdrängt wird, dann kommt sie eines

Tages mit um so größerer Heftigkeit zum Vorschein. Dann gibt es ein grelles und oft auch verzweifeltes Erwachen aus einer Art Narkose, die wir uns mehr oder weniger bewusst selbst gewählt hatten und zu tragen haben, durch die wir unsere Herausforderungen verdrängt, ja weggeschoben und die Augen zugemacht hatten.

Diese Sinnfrage ist so etwas wie ein Vorhof des Glaubens an Gott – und mit dieser Feststellung verlassen wir nun die allgemeine Erörterung dessen, was Sinn heißt und wie er zustande kommt. Wir stellen uns in einer zweiten Annäherung einer bestimmten Gestalt der Sinnerfahrung. Dabei wählen wir uns keine der bekannten Grenzsituationen unseres Lebens, die uns das vielfache Scheitern der menschlichen Existenz bewusst machen, also etwa Tod, Leid, Krankheit, Not. Wir stellen uns einer Erfahrung, die jedem Menschen zugänglich ist und die darum in ihrer inneren Bewegung einen Aufschluss über ihre Sinnhaftigkeit gibt – nämlich in engem Zusammenhang mit dem Wunsch des Menschen nach Glück.

Glück scheint von Anfang an etwas zu sein, was mit Sinn eng zusammenhängt. Wenn wir uns aber besinnen, wie trügerisch und launisch das Glück sein kann, dann erblicken wir auch eine elementare Möglichkeit der Krise in allem Streben nach Glück. Dennoch lassen wir nicht ab von dieser Sehnsucht. „Alle Menschen streben von Natur aus nach Glück," sagt bereits Aristoteles. Wenn wir von Glück sprechen, dann zeigt schon unser Sprachgebrauch eine doppelte Bedeutung: Einmal sagen wir „Ich habe diesmal gewaltig Glück gehabt," und meinen damit einen ganz ungewöhnlichen Zufall, dass wir z. B. mit knapper Mühe einer Unfallkatastrophe entgingen oder auch einen Preis gewonnen haben. Solches Glück hat man oder man hat es nicht. Andernfalls hat man, wie wir sagen, „Pech gehabt". Wer jedoch nicht in der Lotterie gewonnen hat, der braucht deshalb nicht im strengen Sinne unglücklich zu sein. Damit kommen wir auf die zweite Bedeutungsnuance, wenn wir sagen: „Ich bin glücklich." Nicht einfach „Ich habe Glück," sondern „Ich bin glücklich." Und dies bedeutet eine Verfassung des menschlichen Lebens und darin das Verhältnis, das zu uns selbst und zur Umwelt in einem erfüllten Gleichgewicht steht. Der Mensch findet sich darin bejaht, bestätigt und getragen. Freude, Heiterkeit oder ein Lied können Ausdruck der Glücklichkeit darstellen.

Zwei Elemente spielen in diesem Glücklichsein eine wichtige Rolle: Wahres Glück ist etwas, das wir nicht schlechthin machen oder herstellen können. Es ist in seinem Eintreffen und in seinem Ursprung unserer Verfügungsgewalt entzogen, man könnte dies den Spielcharakter des Glücks nennen. Dies kann verschieden gedeutet werden; die Menschen sagen, das Glück sei launisch, es narre, das Glück sei einem hold oder man habe mehr Glück als Verstand. Nun gibt es aber darin zugleich eine andere Bedeutungskomponente, die uns davor warnt, das Glück nur als ein rein von außen auf uns zukommendes Ereignis zu verstehen. Wir sagen ja auch, dass jeder seines Glückes Schmied ist, dass man sein Glück probieren muss und dass man sein Glück machen kann. Man kann sein Glück aber auch verscherzen, d. h. einen möglichen Erfolg leichtsinnig preisgeben. Man darf sich nicht stur auf gut Glück, blindlings auf eine günstige Fügung oder einen Erfolg verlassen. Wir können also etwas dazu tun oder etwas lassen, um glücklich zu sein. Beide Elemente, die Unverfügbarkeit – Glück lässt sich nicht einfach bloß herstellen – und das Beteiligtsein – dass wir uns auf eine Suche begeben müssen – machen in ihrem undurchschaubaren Zusammenspiel das Rätsel des Glücks aus.

II. Seligkeit und Gottesfrage

Wenn der Theologe von diesem Glück spricht, denkt er mit Notwendigkeit an das, was die klassische Tradition Glückseligkeit, Seligkeit nennt. Aber wir dürfen den zweiten Schritt nicht zu vorschnell machen. Es gibt ja auch das sogenannte „kleine Glück" des Menschen. Wir dürfen nicht gleich im ersten Schritt auf das Heil des Menschen und der ganzen Welt, die totale Versöhnung, den ewigen Frieden hoffen. Glück hat sicher etwas mit der Hoffnung zu tun, es möge einmal wirklich alles gut sein. Aber darf man sich so auf diese letzte Glückseligkeit konzentrieren, dass man das sogenannte „kleine Glück" des Menschen in Gefahr ist herunterzusetzen? Die Menschen verbinden heute viele Hoffnungen, Erwartungen und Wünsche mit dem Wort Glück. Man redet davon nicht erst dann, wenn tatsächlich alles gut sein wird und uns kein Hunger und keine Not mehr bedrängen. Der Mensch ist schon weithin zufrieden, wenn er kleine Oasen des Glücks findet. Er sucht etwas Bescheideneres, aber etwas, was sich hier und jetzt erfüllt. Etwas, das uns sagt, dass es einen Sinn hat da zu sein, dass es schön ist, dass es gut ist zu leben. Der eine setzt hierbei mehr auf den Erwerb, Besitz und Verzehr materieller Güter oder den Genuss, ein anderer mehr auf den geistigen Genuss und Werke der Kunst oder Literatur oder auch auf das Zusammensein mit Menschen, die ihm etwas bedeuten und die er liebt. Sicher kann man vieles davon finden in unseren ganz alltäglichen Dingen, im Atmen, im Gehen, Schauen, Essen, Malen, Trinken, in der Arbeit, im Spiel, in der Liebe, all dies kann man als ein „kleines" Glück bezeichnen, wenn man es misst an einem vorausgesetzten Heilsverlangen.

Aber dieses kleine Glück ist ja oft gar nicht so klein, wenn man es wirklich erfährt und es täglich immer wieder sucht und auch findet. Es steht niemandem zu, dieses Glück der Menschen in seinen vielen Formen herabzuwürdigen und madig zu machen. Es ist aufschlussreich, dass der hl. Augustinus, wenn er einmal über das Glück redet, sagt, er kenne 288 verschiedene Formen des Glücks. Der Mensch kann auf sehr verschiedene Weise dieses kleine und das große Glück erfahren. Viele Denker sind sich darin einig, dass der Mensch in all seinem Tun nach dem Glück sucht. Ich habe vorhin Aristoteles zitiert, nun noch etwas genauer: „Von Natur aus und mit Notwendigkeit will der Mensch Seligkeit und er flieht das Elend."

Es gehört nun aber zum Wesen des Glücks, das erfahren wir auch immer wieder, dass es über das schon Erreichte hinaus strebt. Solange wir z. B. noch kein Auto haben, sind wir der festen Überzeugung, dass eine sichere und volle Befriedigung dieses Wunsches oder anderer ähnlicher Wünsche, uns Glück bringen würde. Solange wir unter einem bestimmten Mangel leiden, sind wir oft davon überzeugt, dass wenn nur dieses oder jenes Bedürfnis befriedigt sei, wir vollends zufrieden und glücklich seien. Allerdings zeigt unsere Erfahrung, dass man sich schnell an jedes höher erreichte Niveau gewöhnt, es wird zur Selbstverständlichkeit, sinkt fast auf einen Nullwert herab, von dem aus dann immer wieder neue Bedürfnisse entstehen, die nicht zuletzt auch durch Reklame und Werbung provoziert werden. So kann ein Philosoph zu Beginn unserer Neuzeit sagen, der Glücksbegriff sei ein möglichst wenig gehindertes Aufsteigen zu immer weiteren Zielen: „ad fines semper ulteriores minime impedita progressio." Und auch die Erfahrung lehrt, dass die Befriedigung eines Bedürfnisses nach Glück letztlich in sich unerfüllt bleibt. Sobald ein Wunsch routinemäßig und sicher erfüllt wird, verheißt er offensichtlich nicht mehr das Glück, das er einmal beim Namen rief. Jede auf Dauer gestellte Beglückung erleidet so, wenn wir nicht in ganz besonderer Weise aufmerksam, schöpferisch und findig sind, einen unaufhaltsamen Verfall. Dabei bleibt es jedoch nicht. Die Erfahrung einer Befriedigung schafft nämlich immer neue Bedürfnisse, wir wehren uns gegen diese Erfahrung und wollen das Glück durch Wiederholungen erreichen. Aber dies führt nicht selten über die Selbstverständlichkeit und die Gewohnheit zur Frustration und manchmal auch zum Ekel.

Oft wird auch nur der Erwerb, nicht aber der Besitz des Glücks betont. Wer kennt nicht die heimliche Trauer mit diesem Glück? Wirkliche Erfüllung gelingt oft nur im Nu des Augenblicks. „Verweile doch, du bist so schön,“ sagt der Dichter. Wir wehren uns gegen die nur flüchtige Gegenwart des Glücks und wollen es festhalten, aber man kann Seligkeit nicht fixieren. Die Wiederholbarkeit des Glücks ist nicht unbegrenzt. Das selbstbestellte und auf Kommando abrufbare wiederholte Glück ist nicht gegen aufkommenden Überdruss gesichert. Das Glück ist umso weniger gut, es kann uns auf die Dauer umso weniger glücklich machen, je eigenmächtiger es von uns festgehalten wird. Wer sich an sein Glück klammert, verliert es nur umso rascher. Das kennen wir aus den Märchen: Wer sein Glück festhält, es nicht mit anderen teilen will, es sozusagen vergraben will, der wird es bald verlieren.

Wir betrachten Glück heute zunehmend nicht als etwas, das uns geschenkt wird, sondern in der Regel als etwas, das es zu erjagen gilt. Glück kann man sich verschaffen, man kann darum kämpfen, bis hin zu den Drogen. Bei dieser Glückserfüllung durch eigene Hand kommt es, wie es scheint, noch viel rascher zur Enttäuschung. Wenn man nämlich das selbstgebastelte Glück erreicht, erweist es sich oft als schal, Langeweile ist eine seiner Folgen. Mit dem steigenden Angebot von Glück wird auch die Erwartung mitverkauft, dass sich dieses Glück mit zunehmendem Maß auch wieder auflöst und verfällt. Gerade in unserer Gesellschaft mit der wachsenden Flut und dem Überfluss des Angebotes, macht sich oft auch so etwas wie eine „Katerstimmung“ breit. Dies zeigt sich darin, dass wir uns beim Glücksstreben vor allem im materiellen Bereich den Mustern und Zwängen ausliefern, die uns dann auch regelrecht beherrschen. Handgreiflich zeigt sich die Gefahr, dass wir eben jene Freiheit verlieren, deren es im Umgang mit solchen Dingen bedarf. So erzeugt manches Glück zugleich in uns selbst eine Art innerer Abwehr, welche die Freiheit verteidigt. Der Mensch reagiert auch heute sehr verschieden auf diese

Möglichkeit des Glücks. Es gibt das Evangelium vollkommener Hemmungslosigkeit, es gibt aber auch eine nicht unbedenkliche Verachtung menschlicher Glücksmöglichkeit. Sigmund Freud schreibt in seiner aus dem Jahr 1930 stammenden Schrift „Das Unbehagen in der Kultur“ über das stete Glücksstreben des Menschen: „Dieses Programm eines stetigen Glücksstrebens ist überhaupt nicht durchführbar.“

Eine solche Glückserfüllung ist im Rat der Schöpfung nicht enthalten. Ein Philosoph unserer Tage meint, man solle ein umfassendes Glücksverlangen besser weglassen: „Begnügen wir uns damit, Unheil zu verhüten oder wenigstens abzumildern, wo immer und soweit dies möglich ist.“ Darin steckt einige Weisheit, denn oft sind wir uns stärker darin einig, konkretes Unheil zu verhindern, als darüber, was uns wirklich glücklich machen könnte. Aber die Antwort trägt nicht. Der Mensch verlangt nach Glück, ja noch mehr, wie Friedrich Nietzsche sagt: „Alle Lust will Ewigkeit.“ Aber jede Lust, die man ewig zu ertragen hätte, würde bald aufhören, Lust zu sein. Manches erträumte Paradies verlöre, würde es Realität, schnell an Reiz. Es gibt für den ruhelosen Antrieb des Menschen nach einem Glück, das von der Wirklichkeit nicht bestätigt, vielmehr eher desavouiert wird, zwei Möglichkeiten: Utopien errichten aus der Not der Zeit heraus künftig zu realisierender Möglichkeiten; der Überdruss an der Gegenwart kann aber auch eine eher abstoßende Kraft entfalten, so dass sich die Glücksphantasie nach rückwärts wendet und zur Nostalgie wird, Rückzugsbewegung und Heimweh nach einer früheren Welt, die oft vergoldet wird.

Alles kommt darauf an – dies ist nun eine wichtige Konsequenz –, dass wir bei aller Nüchternheit dem Menschen seine unersättliche Suche nach Glück und Glücklichsein nicht nehmen. Wenn man dies dem Menschen ganz nimmt, dann stößt man ihn ins Unglück, nimmt man ihm die Flügel, auch die Flügel der Hoffnung. Dann ist es nicht ganz ausgeschlossen, dass er am Ende eigentlich gar nicht mehr menschlich lebt, weil er mit der Suche nach Sinn und Glück im Grunde auch seine Freiheit verliert. Wiederum ist es ein profaner Philosoph unserer Tage, der sagt: „Noch an der Banalität des happy-end wird das deutlich. Wenn der Film oder der Roman zu Ende ist, soll der Augenblick festgehalten werden, denn die Rückkehr in die Nüchternheit hat jetzt den Charakter der ‚grausamen Ernüchterung‘. Es ist die grausamste Erfahrung in der Profanität, dass die erfüllte Seligkeit in ihrem Jetzt nun doch nicht ‚bestehen', nicht dauern kann, dass es auf die Dauer Seligkeit nicht gibt." Wir können uns in der Tat keine inhaltliche Befriedigung diesseitiger Art vorstellen. Der Glaube, eine geschichtliche Glücksrealisierung könne an die Stelle einer absoluten Verheißung treten, erweist sich angesichts dieser Erfahrung als übereilt. Der Überschuss unserer Sehnsucht geht in dieser Zeit in der Geschichte im Vorfindlichen nicht auf. Nicht wenige politische Versuche, ein Paradies in irdischen Bildern auszumalen und zugleich deren irdische Befriedigungsmöglichkeit anzubieten, stranden an der nicht übersteigbaren Erfahrung, dass ein in dieser Zeit erreichtes Paradies von selbst aufhörte, eines zu sein.

Das ist im zweiten Gang unserer Überlegungen nun eine wichtige Zwischenstation. Es wäre nämlich nur ein ewiges Suchen ohne Ziel oder, begrifflicher zum Ausdruck gebracht, ein Transzendieren ohne Transzendenz, wenn wir uns einem unbestimmten Streben ausliefern würden. Es gibt auch eine Art Vagabundentum des Glücks, das überall kostet, gierig genießt und sich rasch wieder neuen Abenteuern zuwendet. Suche nach Sinn will aber Erfüllung finden, die Hoffnung auf das Glück möchte eines Tages eingelöst werden. Aber wie kann das geschehen? Wer garantiert Glück? Wir müssen wieder auf unsere frühere Unterscheidung zwischen „Glück haben" und „glücklich sein" zurückkommen. Alle Güter, die den Menschen mehr oder weniger vom Lebensschicksal und von Lebensumständen zufallen, sind bei näherem Hinsehen eine zweischneidige Sache. Man entdeckt dies jedoch nur, wenn man sie im Blick auf ihre möglichen Folgen für das Ganze des Lebens betrachtet und nicht isoliert. Wir können gerade, wenn wir reich werden, uns auch in mancher Hinsicht schaden; wenn wir unmäßig sind im Essen und Trinken, schaden wir unserer Gesundheit; wir können dabei in manche äußere Bedrohung, manchmal auch in innere Verkommenheit geraten. Diese Erfahrung warnt uns vor der Vorstellung, man würde dann ganz glücklich, wenn man bestimmte Lebensinhalte besitzt.

Ist es wirklich so selbstverständlich, dass ich mein Glück in diesem oder jenem Lebensinhalt zu finden hoffe? Ist dieser überhaupt so beschaffen, dass ich mein Glück guten Mutes auf ihn bauen darf? Wir sollen alle jene Inhalte, die uns von außen zufallen: Reichtum, Schönheit, Jugendlichkeit, Erfolg, in unsere konkrete Vorstellung von Glück miteinbeziehen. Aber das Glück ist nicht nur eine Sache, die von ihrem Außenaspekt her geklärt werden könnte. Noch entscheidender als Lebensschicksal oder Lebensumstände ist die eigene Lebensführung. Glück, das nicht auch von innen kommt, zerfällt bald. Dies ist auch der Grund, warum man letztlich nicht von außen Menschen glücklich machen kann, wenigstens nicht auf die Dauer. Und das gilt nicht zuletzt auch für die politischen Programme und die Politik. Wer den Menschen Glück verspricht, teilt entweder eine Selbstverständlichkeit mit, weil alle Menschen nach Glück streben, oder aber er vergewaltigt die freie Entscheidung des Menschen zu *seinem* Glück, indem er den Menschen auf bestimmte Inhalte festlegen möchte, über die er nur selbst zu entscheiden vermag. Wenn dies wahr ist, dann wird auch deutlich, warum man Glück nicht einfach machen kann. Man kann dann auch nicht glücklich werden, indem man unmittelbare Ansprüche auf Glück stellt. Große Denker haben schon in der antiken Welt und bis zum heutigen Tag auf eine besonders wichtige Eigenart des Glücklichseins aufmerksam gemacht. Man kann, wie wir aus unserer eigenen Erfahrung wissen, Freude, Heiterkeit, Glück, Seligkeit nicht einfach *direkt* ansteuern. Bestenfalls sind wir dann in guter Stimmung, vielleicht ist auch Ausgelassenheit das Ergebnis. Freude und Glück stellen sich auf dem Rücken von Handlungen ein, die auf ganz andere Inhalte zielen. Glück und Freude erscheinen indirekt, wenn uns z. B. das Gute glückt.

Vielleicht haben wir heute so wenig echte Glückserfahrung und so viel Glücksansprüche in unserer Gesellschaft, weil wir uns das Glück auf dem leichtesten Weg, nämlich mit einem direkten Zugriff erobern wollen; aber dies wieder nur in der Dimension des Habens, des „Glückhabens". Denn richtig glücklich sein kann man nur, wenn man auch mit sich selbst eins ist. Wir haben verschiedene Glückserfahrungen. Einer ist glücklich in einer ruhigen Stunde der Muße und des Nachdenkens, glücklich kann man sein an einem Abend bei Freunden, glücklich kann man auch beim Eintreten eines Erfolgs sein, um den man lange gekämpft hat. Eine wertvolle Einsicht kann uns glücklich machen, das Einvernehmen mit Menschen, besonders in der Liebe, kann Glück schenken, unerzwungene Hilfeleistung für einen wirklich bedürftigen Menschen kann Glück bereiten. Wir erfahren vor allem in solchen Gestalten unseres Lebens das Glücklichsein.

Unsere Sprache gibt uns jedoch noch einen weiteren wichtigen Hinweis: Glück gibt es eigentlich nicht in der Mehrzahl, also „Glücke", nur „Glücksfälle", „Glückssituationen". Es gibt Glücksfälle, die aber eher auf das Glückhaben verweisen. Irgendwie ist das menschliche Glück unteilbar. Alle einzelnen Glücksinhalte sind in dem vollen Sinne des Wortes „Glück“ zusammengefasst. Jede einzelne Glückserfahrung ist immer nur so etwas wie eine Abschlagszahlung. Sie deckt, für sich genommen, noch nicht den vollen Inhalt von „Glück“.

Damit ist der Punkt ereicht, wo Glücklichsein und Sinnerfahrung zusammengehören. Dass Glücklichsein, auch wenn es sich nur in kleinen Schritten ereignet, offenbart, dass Sinn nicht erst in einer unerreichbaren Ferne liegt, sei es ein von dieser Erde völlig getrenntes Jenseits oder die Zukunft der Menschheit. Hinter der Sinnfrage ist die Grundentscheidung des Menschen verborgen, sein Leben so zu führen, dass sich das Dasein in den alltäglichen Aufgaben und auch im Ganzen lohnt, dass es auch in den schwierigsten Situationen trägt und in dieser Sinnerfüllung dem Menschen die Möglichkeit gewährt, sich mit dieser seiner Welt grundsätzlich zu identifizieren. Glücksverlangen und Suche nach Sinn treffen sich auch darin, dass beides zunächst unbestimmte Begriffe sind, die der Einzelne in dieser oder jener Form mit Inhalt füllen muss.

Jede geeignete Füllung dieser Begriffe schließt aber zugleich eine Vorentscheidung über die Grundrichtung des eigenen Lebens ein. Und auch darin ist der Mensch nicht nur ein Spiel des Zufalls. So sehr die Lebenssituation mit ihren Umständen, der Herkunft, der Familie, aus der wir kommen, der Bildung, der sozialen Stellung unser weltliches Leben prägen kann, wie tief auch Schicksalsschläge das Glück eines einzelnen Menschen verfinstern können: Ausschlaggebend für das Glück sind letzten Endes nicht die äußeren Faktoren allein. Darum können auch gerade einfache, ja arme Menschen glücklich sein. Auf einer unteren Stufe hat Glück sicher etwas mit Wohlstand zu tun. Aber wenn die schlimmste äußere Not gelindert ist, dann tritt bald der Unterschied zwischen äußerem Wohlergehen und Glücklichsein hervor. Von einer bestimmten Stufe an sagt Lebensstandard nicht mehr viel aus über das faktische Glücklichsein der Menschen. Dies sollten wir auch nicht vergessen bei unserer Entwicklungsarbeit. Es ist keineswegs sicher, dass hier durch den Import unseres Wohlstands und unserer Lebensgewohnheiten Menschen anderer Kulturen und besonders auch der Dritten Welt schon glücklich gemacht werden.

Wir sehen, dass Sinn nicht identisch ist mit bloßer Erkenntnis oder gar Intelligenz. Nicht zuletzt darum haben wir auch das Streben nach Glück, nach Glücklichsein gewählt. Häufig wird der ganze Mensch herausgefordert und in Anspruch genommen. Wo die moralische und physische Integrität des Menschen verletzt wird, etwa in den Ereignissen von Schuld, Vereinsamung, Leiden, Krankheit und Tod, da enthält der entsprechende Sinn zugleich die Gewährung von Trost. Sinn bedeutet in solchen Situationen, dass der Mensch in ihnen einen letzten Halt findet. Das ist der Unterschied zu aller Vertröstung. Diese Struktur zeigt uns deutlich, dass Sinn von Menschen nicht einfach produziert wird. Wir müssen ihn entschieden suchen, aber wenn wir ihn finden, dann erweist er sich sehr oft als das den Menschen Gewährte, als eine Gabe. Und weil dies so ist, genügt es auch nicht zu sagen, Glücklichsein beruhe ganz auf der ethischen Substanz des Menschen. Wenn dies heißen soll, Glücklichsein hänge nicht einfach von äußeren Faktoren ab, so ist das gewiss richtig, aber man kann nicht übersehen, dass der Mensch auch daran irre werden kann, das Glück immer nur in eingeschränkter Weise erreichen zu können. Darum liegt auch über vielen ethisch hochstehenden Theorien des menschlichen Glückverlangens die heimliche Trauer und oft eine tiefe Schwermut. Es geht dabei nicht nur um die Melancholie der Erfüllung, von der wir früher sprachen, es geht um die Sinnfrage überhaupt. Was ist der Mensch, wenn jedes denkbare Glück überholbar und gefährdet ist? Ist der Mensch am Ende doch falsch konstruiert? Wenn man das Glück nur in unvollkommener Weise erreicht, haben da nicht Vergeblichkeiten, Angst, Trauer oder Wut das letzte Wort?

Es ist wichtig, dass wir auf der Suche nach Sinn nicht zu kurz ansetzen, dass wir uns nicht mit Ersatzformen zufrieden geben, die in die Irre führen, mit Idolen, Träumen. Wir dürfen den Menschen nicht verkürzen in seiner Sehnsucht, dürfen ihm – wie vorher schon gesagt – nicht einfach die Flügel, die so weit gespannt sind, stutzen. Der ganze Mensch mit allen seinen Lebensvollzügen sucht nach einem tragenden Grund, der letzten Halt bietet. Zwar strauchelt die Erfüllung der Sehnsucht der Menschen immer auch daran, dass die Pseudo-Religionen der Menschheit eine Unruhe des menschlichen Herzens und auch Antworten wecken, die am Ende nicht standhalten: Götzen, Drogen, Götter. Zugleich muss man nüchtern eingestehen, dass der Mensch gerade dann, wenn er diesem Streben in vollem Lauf folgt, von sich aus allein eine letzte Befriedigung nicht finden kann. Der große französische Philosoph Maurice Blondel hat dies einmal so gesagt: Dieses Streben nach einer letzten Erfüllung, die nicht einfach nur von uns kommen kann, ist für den Menschen absolut notwendig, sonst radieren wir den Menschen – zugleich auch uns selbst – aus; aber zugleich ist diese Erfüllung mit unseren eigenen Kräften unerreichbar. Dies ist nicht so einfach für den Menschen zu ertragen, ohne zu glauben, er wäre im Grunde genommen doch so etwas wie eine Fehlkonstruktion. Der biblische Glaube verheißt uns aber, dass es trotz aller intensiven diesseitigen Glücksbefriedigung Leben in der Fülle und in einem unbeschädigten Sinn nur in dem geben kann, den wir Gott nennen. Nur er gewährt eine Seligkeit, die immer größer ist als jeder menschliche Hunger.

Hier geht es um die Erreichung eines Zieles, das der menschlichen Sehnsucht entgegenkommt und sie jedoch zugleich unendlich übertrifft. Darum ist diese Seligkeit Gottes auch nicht zu verwechseln mit den Beschreibungen unseres Strebens nach Vergnügen und Lust; Gott ist nicht eine Verklärung und Verhimmelung unserer irdischen und weltlichen Erfahrungen. Er ist nicht bloß eine Chiffre für unser Glück und ein Symbol für eine geglückte Lebensbeziehung. Er ist der Urgrund von allem schlechthin, und er eröffnet überhaupt erst Wirklichkeit und gibt ihr Bestand.

III. Offenbarung als Antwort von Religion und Glaube

An dieser Stelle kommt das Wort mit ins Spiel, das sich auch im Titel dieses Beitrags findet, nämlich „Sinnsuche und Offenbarung". Es gibt eine grundlegende Antwort auf die aufgezeigte Schwierigkeit, dass Sinn einerseits absolut notwendig und anderseits absolut unerreichbar allein vom Menschen aus ist. Der Mensch strebt nicht nur von sich aus und ist unendlich um Sinn und Glück bemüht – auch Gott selbst öffnet sich von sich her und teilt sich mit. Dies nehmen wir viel zu selbstverständlich an.

In der vorchristlichen Welt, besonders in der griechischen Antike, war es so, dass ein Gott umso göttlicher galt, je mehr er sich in das Schweigen zurückgezogen hatte, je ferner er vom Menschen lebte und je weniger er sich um dessen Handeln kümmerte. Gott in diesem Sinne ist nur Gott, wenn er unzugänglich ist und sich dem Menschen und der Welt auch nicht mitteilt. Die Bibel und erst recht das Christentum bringen dabei eine ganz epochale Wende. Schon im Ereignis der Schöpfung geht Gott aus sich heraus und schafft aus reiner Güte in einem freien Akt andere Geschöpfe, die von ihm verschieden sind. Eine gewisse Verdichtung erfährt diese Wende im Offenbarungsakt.

In der Offenbarung schließlich wendet sich Gott in besonderer Weise dem Menschen zu. Vielleicht muss man einen allgemeinen religionsgeschichtlichen Offenbarungsbegriff von einem mehr streng theologischen unterscheiden. In der Religionsgeschichte versteht man unter Offenbarung, dass sich Transzendenz selbst in die sogenannte Immanenz vermittelt, dass das Unbedingte in die Welt des Bedingten hereinbricht. In diesen Konstellationen hat die Offenbarung aber immer einen paradoxen Charakter, weil dem Bedingten etwas erscheint, was eigentlich in unserer Welt nicht Wirklichkeit werden darf. Daher ist Offenbarung immer nur Gleichnis, Bild, Symbol. Die Bibel spricht von Offenbarung, meint jedoch die strikte Kundgabe Gottes selbst, dass Gott selbst uns nämlich diese Antwort schenkt. Dies erhält einen besonderen Höhepunkt durch die Offenbarung Jesus Christus, der besonders bei Johannes – wie Rudolf Bultmann in einem Kommentar, der vor mehr als sechzig Jahren erschienen ist, immer wieder sagt – *der* Offenbarer ist, das Wort Gottes selbst, die Aussage Gottes in unsere Welt, der Sohn Gottes.

Dabei müssen wir uns klar sein, dass der Begriff der Offenbarung in der Einzahl zunächst einmal ein etwas abstrakter Begriff ist. Freilich haben wir gerade auch im letzten Teil des Neuen Testaments Erfahrung mit dem Begriff Offenbarung in der Einzahl, womit eine endgültige Enthüllung Gottes am Ende der Weltgeschichte vor allem angesichts der Macht des Bösen gemeint ist. Zunächst gibt es aber eher einzelne Offenbarungsgeschichten. Die Offenbarung geht aus einer ungeheuren Vielzahl ganz konkreter geschichtlich bestimmter Offenbarungen hervor. Diese vielen kleinen Offenbarungen, wie z. B. in den Wundern Jesu, fügen sich in der Vielzahl dieser alten Geschichten mit vielen Sprüngen und Brüchen zusammen zu einer Geschichte der Offenbarung Gottes. Aber man darf nicht nur auf die formelle Kontinuität sehen, wir müssen auch auf die Vielzahl von Situationen, auf die „Sprachspiele“ sehen, wie sich Offenbarung ereignet. Man darf also gerade diese einzelnen Offenbarungsgeschichten, in denen Gott sich ganz konkret zeigt, als rettend erweist, hilft, eingreift, nicht unterbewerten. Das kann im Traum sein, in einem Jubelruf, in einer Klage, in einer Vision, in einem Sprichwort, in einem Gebot, es kann eine Warnung sein. Viele solcher Formen haben wir im Lauf der letzten Jahrzehnte literarisch wieder entdeckt.

Nun haben wir das Offenbarungsverständnis im Lauf der Neuzeit lange Zeit zu sehr intellektuell auf Erkenntnis bezogen und auf formulierte Sätze hin gedeutet. Das Zweite Vatikanische Konzil hat hier bekanntlich eine Wende gebracht und vieles, was die Theologie im 19. und 20. Jahrhunderts erarbeitet hat, zusammengefasst. Es hat die geschichtlichen, die personalen, auf die Erlösung und Befreiung des Menschen bezogenen Dimensionen der Offenbarung wiederentdeckt. Hier ein kleines Beispiel aus der Konstitution über die Offenbarung des II. Vatikanums, Art. 6: „In der göttlichen Offenbarung wollte Gott sich selbst [nicht Sätze über ihn] und die ewigen Entscheidungen seines Willens über das Heil der Menschen kundtun und mitteilen." Ein göttlicher Reichtum, der die Fassungskraft des menschlichen Geistes schlechthin übersteigt. Hier darf man das Erste Vatikanische Konzil nicht ganz vergessen, wie es leider öfter geschieht. Das hatte nämlich damals die Aufgabe, das Verhältnis der Geheimnishaftigkeit, des Mysteriums einerseits und der Einsehbarkeit, der rationalen Verständlichkeit der streng von Gott her kommenden Offenbarung andererseits zu klären. Auf der einen Seite steht die Lehre dieses Konzils, dass Gott mit dem natürlichen Licht der menschlichen Vernunft aus den geschaffenen Dingen mit Gewissheit erkannt werden kann. Wir denken vielleicht zuerst an die einzelnen Gottesbeweise, aber auf sie kommt es nicht zuerst isoliert an, sondern diese Aussage hat den tieferen Sinn, dass dem Menschen in seinem Wesen, so wie er geschaffen ist, Gott nicht unzugänglich sein und bleiben muss, nicht völlig fremd ist, nicht etwas, das wie ein Paradoxon oder ein Widerspruch auf ihn zukommt, und dass er wenigstens in Bildern oder in Gleichnissen Kenntnis von ihm bekommen kann.

Aber das Erste Vatikanische Konzil ist hier in ganz besonderer Weise dialektisch. Es sagt damit nämlich nicht, dass je ein Mensch auf freiem natürlichem Weg Gott erkennen kann. Er hat die Anlage, die Möglichkeit, Gott zu erkennen. Es ist vernünftig, wenn er Gott erkennt, es ist kein Widerspruch zum Menschen und zur menschlichen Vernunft. Aber, so das Konzil, es hat Gott gefallen, sich selbst und seinen Willen dem Menschengeschlecht auf einem anderen Wege zu offenbaren. Eine Wirkung dieser Offenbarung besteht nun darin, dass der Mensch Gott als Grund und Ziel aller Dinge „auch in der gegenwärtigen Lage des Menschengeschlechtes von allen leicht, mit fester Sicherheit und ohne irgendeine Beimischung von Irrtum erkennen kann."

Das heißt praktisch, dass die Menschen nach der Ursünde und in der faktischen Geschichte der Religionen und eben von sich aus allein nur sehr schwer und mit viel Ungewissheit und in Verbindung und Vermischung mit manchen Irrtümern Gott erkennen können. Dies hebt die Möglichkeit des Erkennens Gottes mit Hilfe der natürlichen Vernunft nicht auf. Aber damit wird deutlich, wie notwendig faktisch die Offenbarung für den Menschen ist, um Gott zu erkennen und eine Erfüllung der Sinnsuche und des Glücksstrebens zu finden. Das Vatikanum I fasste in besonders knapper und eindrucksvoller Weise zusammen: „Indes, aus diesem Bund ist die Offenbarung nicht unbedingt notwendig, sondern weil Gott aus seiner unermesslichen Güte heraus dem Menschen zu einem übernatürlichen Ziel hingeordnet hat, nämlich zur Teilnahme an den göttlichen Gütern, die die Einsicht des menschlichen Geistes ganz und gar überragen." Ein Zitat aus Jesaja und zugleich aus dem 1. Korintherbrief des Hl. Paulus, ein Wort aus beiden Testamenten spielt hier eine Rolle: „... hat es doch kein Auge gesehen und kein Ohr gehört, doch ist es in eines Menschen Herz gedrungen, was Gott denen bereitet hat, die ihn lieben ..." (1 Kor 2,9; DS 3005).

Gott selber kann also allein erfüllen, was im Menschen an Sehnsucht lebt, und diese Struktur der menschlichen Sinnsuche und der Erfüllung in Gott bringen wir immer noch am besten zum Ausdruck mit dem Begriff der Seligkeit. Immer wieder kommt dies auch in sehr einfacher Sprache in unserer Liturgie zum Ausdruck, vor allem etwa in den Tagesgebeten der Eucharistiefeier: „Gib, dass wir dich mit ganzem Herzen suchen und das Licht deiner Wahrheit nie verlieren. Gib, dass wir lieben, was du befiehlst, und ersehnen, was du verheißen hast. Wir sehnen uns nach deinen Verheißungen. Stärke unsere Hoffnung und schenke uns überreiche Erfüllung." Und anschließend findet sich die vielleicht tiefste Aussage, die uns sehr an Augustinus erinnert: „Gib uns ein Herz, das dich in allem und über alles liebt, damit wir den Reichtum deiner Verheißung erlangen, der alles übersteigt, was wir ersehnen."

Im christlichen Glauben ist diese Seligkeit Gottes uns jetzt schon durch den Geist in unser Herz gegeben. Der Hl. Paulus lehrt uns: Der heilige Geist ist das Angeld des Heils in dieser Zeit in unseren Herzen. „Angeld", das könnte man heute profan übersetzen mit der „ersten

Rate“. Es ist uns als Anwartschaft gegeben, als realer Anfang, der erst vollendet wird am Ende der Zeit. Spuren dafür finden wir bereits in der Verheißung eines ganz neuen Geistes gegenüber dem harten Herzen des Menschen. Im Alten Bund und auch in der Offenbarung Jesu Christi lässt der Geist – auch nach dem Weggang Jesu aus dieser Welt – den Herrn in der Kirche und im Herzen des Einzelnen gegenwärtig sein. In einzigartiger Form kann der Geist darum auch die Sehnsucht des Menschen und seine Erfüllung in Gott zum Ausdruck bringen. Dies wird in unseren Pfingstliedern und besonders auch im Pfingsthymnus überdeutlich. Darum möchte ich diesen Pfingsthymnus mit der Sehnsucht des Menschen und der Erfüllung durch Gott an das Ende setzen. In Mainz sollte man dieses Lied besonders verehren, da wahrscheinlich ein Mainzer Erzbischof, Rabanus Maurus, der Schöpfer dieses unvergesslichen Hymnus ist.

Höchster Tröster in der Zeit,
Gast, der Herz und Sinn erfreut,
köstlich Labsal in der Not,
in der Unrast schenkst du Ruh,
hauchst in Hitze Kühlung zu,
spendest Trost in Leid und Not.

Komm, o du glückselig Licht,
fülle Herz und Angesicht
dring bis auf der Seele Grund.
Ohne dein lebendig Wehn
kann im Menschen nichts bestehn,
kann nichts heil sein, noch gesund.

Was befleckt ist, wasche rein,
Dürrem gieße Leben ein,
heile du, wo Krankheit quält.
Wärme du, was kalt und hart,
löse, was in sich erstarrt,
lenke, was den Weg verfehlt.

Peter Henrici SJ

Lebenssinn durch Entscheidung

Überlegungen im Anschluß an Maurice Blondel

„Ja oder nein, hat das Leben einen Sinn, hat der Mensch eine Bestimmung?" – mit dieser Frage beginnt ein philosophisches Werk, das für das katholische Denken im 20. Jahrhundert maßgebend geworden ist.

Der gläubige Christ hat die Antwort auf diese philosophische Frage schnell bereit. „Wozu sind wir auf Erden?" war die erste Frage in unserem Katechismus, und die Antwort hat gelautet: „Wir sind auf Erden, um Gott zu dienen und dadurch in den Himmel zu kommen." In anderen Katechismen lautete sie ähnlich. Denn weil alle neueren Katechismen direkt oder indirekt auf jene des hl. Petrus Canisius zurückgingen, ging auch die erste Katechismusantwort auf das „Prinzip und Fundament" im Exerzitienbuch des hl. Ignatius von Loyola zurück: „Der Mensch ist geschaffen dazu hin, Gott unseren Herrn zu loben, Ihm Ehrfurcht zu erweisen und Ihm zu dienen, und mittels dessen seine Seele zu retten" [nr. 23].

So weit, so gut. Doch der Philosoph, auch der gläubige Philosoph, muß bei seinem Fragen zunächst einmal von den Antworten absehen, die ihm sein Glaube gibt. Er stellt sich damit, gleichsam als Missionar in einer säkularisierten Welt, an die Seite jener Menschen – und sie bilden heute wohl die Mehrzahl –, die nicht glauben oder nicht glauben können oder für die ihr ehemals christlicher Glaube inzwischen sinnlos geworden ist. Indem er das tut, hilft der christliche Philosoph sich selbst und seinen Mitchristen, seinen Glauben zu vertiefen, ihn zu hinterfragen und ihn auf seine menschliche Tragfähigkeit und Sinnhaftigkeit zu überprüfen.

Von Einem aber kann kein Philosoph absehen, mag er nun gläubig oder un-gläubig sein: von der Sinnfrage selbst. Sie ist die heutige, vielleicht die radikalste Form der immer schon radikalen philosophischen Frage, wie sie ehemals Leibniz, Schelling und Heidegger formuliert hatten: „Warum ist überhaupt Seiendes und nicht vielmehr nichts?“ Die Sinnfrage verschärft und akzentuiert diese Frage noch einmal, indem sie den Akzent auf das „warum?“ legt: „Was für einen Sinn macht es, daß überhaupt etwas existiert? Ja, macht es überhaupt einen Sinn?“ (wie man heute auf Anglodeutsch zu sagen pflegt). Und weil das erste Existierende, das mir begegnet, ich selber bin, darum stellt sich diese Frage als Frage nach dem Sinn meiner eigenen Existenz: „Was für einen Sinn macht es, daß ich existiere? Ja, macht es überhaupt einen Sinn?“

Papst Johannes Paul II, der auch ein Philosoph ist, hat in seiner Enzyklika über Glaube und Vernunft, *Fides et ratio*, diese Frage als die unabweisbare Grundfrage für jeden denkenden Menschen bezeichnet: „Die Wahrheit stellt sich beim Menschen anfangs in Frageform vor: *Hat das Leben einen Sinn? Wohin führt es?*“ Und er fährt fort: „Auf den ersten Blick könnte das Dasein des Menschen als Person gänzlich sinnlos erscheinen. Man braucht nicht Philosophen, die die Absurdität vertreten, oder die provokatorischen Fragen im Buch Ijob heranzuziehen, um am Sinn des Lebens zu zweifeln. Die tägliche Erfahrung von eigenem und fremdem Leid, der Anblick so vieler Tatsachen, die im Lichte der Wahrheit unerklärlich scheinen, genügen, daß wir unausweichlich eine so dramatische Frage wie jene nach dem Sinn stellen.“ [nr. 26]. Unsere anfängliche Frage war also alles andere als rhetorisch gemeint, und sie ist auch nicht bloß ein philosophischer Trick, um im Denken voranzukommen. Sie formuliert unsere tägliche, unausgesprochene Sorge.

I

Kehren wir, um eine philosophische Antwort auf diese Frage zu finden, zu jenem Philosophen zurück, der sie uns eingangs gestellt hat. Es ist der Franzose Maurice Blondel, dessen Hauptwerk „L’Action“, „Das Tun“, 1893 veröffentlich wurde und das in unserem Jahrhundert zunehmend an Bedeutung gewonnen hat. Blondel ist hier in Mainz kein Unbekannter; denn Mainz ist in den letzten Jahren – nicht zuletzt dank Kardinal Lehmann – zu einem wichtigen Zentrum der Blondelforschung geworden. Hören wir also, wie Blondel die Antwort auf seine und unsere Frage angeht.

Er beginnt damit, daß er sich und uns das Unausweichliche dieser Frage klar macht: „Ich finde mich vor am Tun – und weiß doch nicht einmal, was Tun eigentlich ist; ich habe mich nicht selbst zum Leben bestimmt; ich bin mir nicht einmal so recht im klaren, wer ich bin und ob ich überhaupt bin. Dieser Anschein von Sein, der sich da in mir regt, dieses leichte, flüchtige, unwirkliche Tun: sie tragen, so wird mir gesagt, eine ewigkeitsschwere Verantwortung in sich. Selbst um den Preis des Blutes soll ich mir das Nichts nicht mehr erkaufen können; für mich sei dies unwiderruflich vorbei. Somit wäre ich also zum Leben verurteilt, zum Tode verurteilt, zur Ewigkeit verurteilt! Wie, mit welchem Recht, da ich es doch weder gewußt noch gewollt habe? ... Daß gefragt wird ist unvermeidlich; unvermeidlich auch, daß der Mensch dieser Frage eine Antwort gibt; und diese Antwort – mag sie nun richtig sein oder falsch, sie ist jedenfalls ebenso freigewollt wie aufgenötigt – trägt jeder in seinem Tun."[1]

So weit Blondel. Wie kann er seine Behauptung plausibel machen, daß wir die Antwort auf die Frage nach dem Lebenssinn bereits in unserem Tun tragen? Hier muß ich Sie bitten, mir und Blondel in einen philosophischen Gedankengang hinein zu folgen. Die Dunkelstrecke wird nicht lange sein. Daß wir unausweichlich am Leben sind und daß wir uns ebenso unausweichlich betätigen, bringt es mit sich, daß wir auch ständig gezwungen sind, *Entscheidungen* zu treffen – kleine und größere, solche, die wir oft kaum bemerken und andere, die unserem Leben eine ganz neue Richtung geben.

Diese Notwendigkeit ergibt sich schon aus dem Wesen der menschlichen *Zeit*. Ich erfahre Zeit, ich erfahre *mich* als zeitlich, weil ich nicht nur in der Gegenwart lebe, sondern auch um Vergangenheit und Zukunft weiß. Ich kann mich an das Vergangene erinnern, vielleicht mit Freude, vielleicht mit einem Bedauern, daß es nicht mehr so ist, vielleicht mit dem noch größeren Bedauern, daß es anders hätte kommen können, daß ich selbst anders hätte handeln können oder handeln sollen – mit einem Bedauern, das daraus entspringt, daß das Vergangene jetzt ebenso unwiederbringlich wie unabänderlich ist.

Wie kommt es zu diesem Bedauern? Das Vergangene erscheint mir nur deshalb als unabänderlich, weil ich auch um Zukunft weiß. Nur mit dem Blick auf die Zukunft – denn der erste und grundlegende Blick des Menschen geht in die Zukunft; seine Augen sind nach vorne gerichtet und nicht nach hinten – nur mit dem Blick auf die

[1] Maurice Blondel, Logik der Tat. Aus der „Action" von 1893 ausgewählt und übertragen von Peter Henrici, Einsiedeln ^{2}1986, S. 16.

Zukunft erkenne ich das Vergangene als vergangen. Denn auch das Vergangene war einmal zukünftig, auch es lag vor mir als eine Fülle von Möglichkeiten: es bot mir einen reichen Fächer von Handlungsmöglichkeiten an. Eine einzige von ihnen habe ich gewählt, und ich habe mir eben damit all die anderen, die an ihrer Stelle – damals – „auch noch" möglich gewesen wären, ausgeschlossen. Die gewählte Möglichkeit wurde damit unabänderlich, alle anderen unwiederbringlich. So entsteht Vergangenheit, Vergangenheit auf dem Horizont ehemaliger Zukunft.

Hören wir nochmals Blondel: „Im Tun zehre ich nicht nur mein Leibesleben auf, ich zerschlage damit immer auch Sehnsüchte und Wünsche, deren jeder für sich schon alles sein möchte. Man kommt nur voran, lernt, bereichert sich nur, wenn man sich alle Wege bis auf einen verriegelt, wenn man sich alles vorenthält, was man ‚auch noch' hätte erfahren oder erreichen können. Gibt es einen köstlicheren Kummer als jenen des Jünglings, der ins Leben eintreten will und sich dabei gezwungen sieht, seinem Wissensdrang gleichsam Scheuklappen anzulegen? Jede Entscheidung unterbindet eine Unzahl von Taten, die ‚auch noch' möglich gewesen wären. Dieser naturgegebenen Abtötung entgeht keiner."[2]

II

Was hat das nun mit der Frage nach dem Lebenssinn zu tun? Der Sinn unseres Lebens liegt doch, wenn schon, in der Zukunft, und nicht in der Vergangenheit. „*Wozu* – auf was zu – sind wir auf Erden?" oder, um mit Kant zu sprechen: „Was dürfen wir *hoffen*?" Der Sinn ist also in der Zukunft zu suchen; die Zukunft jedoch stellt sich mir, wie wir eben gesagt haben, als ein Fächer offener Handlungsmöglichkeiten dar. Kann das sinnstiftend sein? Oder gibt es gar unbegrenzt viele Möglichkeiten von Sinn? Und wenn ja, kann und muß ich dann selbst bestimmen, welches der Sinn meines Lebens sein soll, indem ich mich für eine bestimmte Handlungsmöglichkeit entscheide und sie durchtrage?

Aufs Erste gesehen ist es tatsächlich so. *Ich* bestimme, welches der Sinn meines Lebens sein soll, oder *ich* beschließe, daß mein Leben

---

[2] Ebd., S. 17.

überhaupt keinen Sinn hat, weil mir alle angebotenen Zukunftsmöglichkeiten als sinnlos oder wenigstens als nicht sehr sinnvoll erscheinen. Aber gerade da liegt der Haken oder, vielleicht genauer gesagt, das Fangnetz. Alle Zukunftsmöglichkeiten erscheinen mir als gleichgültig, weil gleichermaßen ungültig – und doch komme ich nicht darum herum, mich für eine von Ihnen zu entscheiden. Ich muß je und je, Minute für Minute sozusagen, eine der mir angebotenen Handlungsmöglichkeiten ergreifen – und sie wird unabänderlich werden und all die anderen unwiederbringlich machen.

Selbst der Verzicht auf jede Entscheidung wäre nochmals eine Entscheidung – aber eine Entscheidung, die mich selbst entmachtet. „Wenn ich nicht aus eigenem Antrieb handle", schreibt Blondel, „dann fängt in mir oder außer mir etwas zu handeln an; und was ohne mich handelt, handelt meist gegen mich. Waffenstillstand bedeutet Niederlage; das Tun kennt ebensowenig Aufschub wie das Sterben."[3] Das gilt von den kleinen Alltagsentscheidungen so gut wie von den großen, lebensbestimmenden. Wenn jemand sich entscheidet, eine Ehe einzugehen (oder Priester zu werden), dann kann er oder sie diesen Schritt in der heutigen Ära postmoderner Beliebigkeit zwar relativ leicht wieder rückgängig machen: Sie kann sich scheiden, er kann sich laisieren lassen. Und doch wird beider Leben lebenslang von der einmal getroffenen Entscheidung gezeichnet bleiben: eine geschiedene Frau ist nicht einfach unverheiratet, und ein laisierter Priester ist nicht einfach ein Laie.

Mit dieser Endgültigkeit unserer Entscheidungen tritt unabweisbar eine Wertordnung in unser Leben ein. Eine Entscheidung, ja jede Entscheidung ist *nicht einfach wertneutral*, sie wird je nachdem besser oder schlechter sein als die anderen Handlungsmöglichkeiten, die an ihrer Stelle hätten gewählt werden können. Ob sie gut oder schlecht war, erweist sich allerdings oft erst nach Jahren; aber in aller Regel wird man das Besser oder Schlechter auch im Augenblick der Entscheidung schon erahnen. Menschen, die viel mit Entscheidungen umzugehen haben, Manager und Verantwortungsträger, wissen um dieses Besser oder Schlechter jeder Entscheidung.

Denn jede Entscheidung, mag sie noch so subjektiv ausfallen, vollzieht sich immer im Rahmen einer objektiv vorgegebenen Ordnung (einer Ordnung von Werten wie von Umständen), und diese wird

[3] Ebd., S. 18.

sich früher oder später entweder rächen oder aber die getroffene Entscheidung belohnen. Die Ordnung der Werte kann je nach Art der Entscheidung eine andere sein und auch eine verschiedene Tragweite haben: der geschäftliche Erfolg oder das gelingende Leben oder auch einfach ein erholsamer Urlaub. Immer aber bleibt meine Entscheidung eine Ent-Scheidung (und nicht einfach ein Willkürakt), weil ich mich innerhalb einer vorgegebenen Situation und Wertordnung *für oder gegen* das objektiv Bessere entscheide – mag mir dies im entscheidenden Augenblick nun bewußt sein oder nicht.

III

Damit sind wir einer Antwort auf unsere Frage nach dem Lebenssinn einen großen Schritt näher gekommen. Weil unser ganzes Leben ständig aus größeren oder kleineren Entscheidungen besteht, die besser oder schlechter ausfallen können, sind wir ständig mit dem konfrontiert, „was Sinn macht" oder „was keinen Sinn macht" – nämlich die bessere oder die weniger gute Entscheidung. Die gute Entscheidung wird auf die Dauer Sinn machen – und ich betone ausdrücklich: auf die Dauer; die weniger gute dagegen nicht. *Daß* sie jedoch Sinn macht und Sinn machen kann, das liegt nicht mehr im subjektiven Belieben des Entscheidenden; es ergibt sich vielmehr aus einer jeweils vorgegebenen Ordnung, in die jede unserer Entscheidungen, ob wir es wollen oder nicht, eingebettet ist.

Wir könnten diese Ordnung wegen ihrer jeweiligen Vorgegebenheit eine „Seinsordnung" nennen, ohne mit diesem Wort schon eine ontologische oder gar eine metaphysische Bedeutung zu verbinden. Mit dieser Einschränkung könnte *„Zeit in Sein"* als philosophische Kurzformel für den bisher beschriebenen Tatbestand gelten. „Zeit in Sein": Als zeitliche, sich je und je entscheiden müssende Menschen finden wir uns auch je und je in eine uns übersteigende, uns vorgegebene und von uns unabänderbare Ordnung von Gegebenheiten und von Werten eingebunden.

Da stellt sich nun die Frage nach dem Lebenssinn noch einmal, und zwar verschärft. Besagt diese unsere Situation nicht das Ende aller Freiheit, das Ende aller Selbstbestimmung, das Ende jeder Möglichkeit zur Selbstverwirklichung? – eine Möglichkeit, die uns das Entscheiden*können*, ja das Entscheiden*müssen* dennoch ständig vorgaukelt. Ist unsere spezifisch menschliche Existenz letzten Endes nicht unheilbar *paradox*, ja eigentlich völlig absurd? Die Frage nach einem Lebenssinn wäre damit ein für allemal negativ beantwortet. Hören wir nochmals Blondel: „Die beiden Ausgangspunkte der Frage stehen somit in schärfstem Gegensatz: Auf der einen Seite alles, was den Willen beherrscht und knechtet; auf der andern Seite der Wille, alles zu beherrschen oder wenigstens zu allem Ja sagen zu können – denn es gibt kein Sein, wo es nur Zwang gibt. Wie ist dieses Dilemma aufzulösen?“[4]

Neben all dem teilweise Sinnhaften, dem wir in unserem Leben und in unseren Entscheidungen immer wieder begegnen, stellt sich somit die entscheidende Frage – die Frage auf Leben und Tod, könnten wir sagen – nach dem *Gesamtsinn* unseres Lebens: „Ja oder nein, hat mein Leben *als Ganzes* einen Sinn?“ Sind die Teil-Sinnhaftigkeiten, die ich in meinem Leben entdecke, aufs Ganze gesehen wirklich sinnvoll oder nicht? Kann die paradoxe Situation meines Lebens: daß ich da bin, ohne es gewollt zu haben, daß ich mich ständig entscheiden muß, ohne über mich selbst entscheiden zu können – können diese scheinbaren Absurditäten überhaupt einen Sinn machen? Ist eine aufgezwungene Freiheit nicht das Sinnloseste, das wir uns überhaupt denken können?

Blondels Untersuchung, die sich über fast fünfhundert Seiten hinzieht, gilt der Beantwortung eben dieser Frage. Er geht dabei systematisch all die Teil-Sinnhaftigkeiten durch, die wir in unserem Leben und in unseren Entscheidungen finden können, und zeigt bei jeder, daß sie keine Antwort auf die Grundfrage zu geben vermag. Wir können diesem langen und philosophisch recht anspruchsvollen Weg hier nicht nachgehen. Sein Fazit lautet: Der Mensch vermag aus eigener Kraft seinem Leben keinem Sinn zu geben; denn er vermag das Grundparadox seines Lebens, die aufgezwungene Freiheit, allein niemals aufzulösen.

Ist folglich der Sinn, den wir trotz allem in unseren Entscheidungen zu entdecken meinen, und auf den sie offenbar hinzielen, eine bloße Fata Morgana? Das kann nicht sein; denn allein schon die Tatsache, daß wir die Sinnfrage stellen und stellen müssen, daß wir Sinn entdecken können und offenbar auch entdecken, weist darauf hin, daß die Sinnfrage als solche nicht sinnlos sein kann, und daß folglich

[4] Ebd., S. 19.

auch die Frage nach dem letzten Sinn gestellt werden kann und gestellt werden muß. Und wo es eine Frage gibt, da fragt sie nach einer Antwort. Wenn wir uns die Antwort auf die Frage nach dem Lebenssinn nicht selbst geben können, und wenn wir sie – wie Blondel in seiner Untersuchung zeigt – auch in unserer ganzen Lebenswelt nicht entdecken können, dann müssen wir daraus schließen, daß wir die Antwort von anderswoher zu erwarten haben, daß sie uns – sehr kurz gesagt – *von Gott geschenkt* werden muß.

IV

Die paradoxe Situation unserer uns aufgezwungenen Freiheit läßt sich tatsächlich nur dadurch verständlich machen, daß wir unsere Freiheit als eine Freiheit verstehen, die sich selbst einem Anderen, Größeren zu verdanken hat. Sie erscheint uns als aufgegeben, weil wir sie nur als ein Geschenk zu eigen haben: eben als etwas, das wir uns selbst nicht zu geben vermögen. In dieser Perspektive enthüllt sich der Zwang als Gnade, die Vorfindlichkeit (oder die Geworfenheit, wie Heidegger sagte) als ein Geschenk, das Unausweichliche als ein Angebot. Die letzte Unfreiheit, die am Grunde unserer Existenz zu liegen scheint, das Gezwungen*sein* zum Entscheiden, kann dann als ein Hinweis darauf verstanden werden, daß diese unsere Existenz selbst etwas Unverdientes und Unverdienbares ist, etwas, das wir nie abzuzahlen vermögen, und das uns doch so sehr zu eigen gegeben ist, als hätten wir uns selbst in der Hand.

Der christliche Glaube legt uns diese Sichtweise nahe: Wir sind „geschaffen dazu hin, Gott unseren Herrn zu loben, Ihm Ehrfurcht zu erweisen und Ihm zu dienen, und mittels dessen unsere Seele zu retten.“[5] „Unsere Seele retten“: das meint nicht einfach: „in den Himmel kommen“; das meint, philosophisch gesprochen, vielmehr die volle Selbstverwirklichung und den vollen Selbstbesitz. Die Theologie wird hinzufügen, daß es diese Selbstverwirklichung nur im Rahmen der ganzen Heilsordnung geben kann. Gott hat uns unser Dasein (und damit auch das Dasein der ganzen Welt, der ganzen Geschichte und des ganzen Kosmos) sozusagen auferlegt, damit er uns dann auch die Vergöttlichung unserer menschlichen Natur, die lebendige Teilhabe an

---

[5] Ignatius von Loyola, Geistliche Übungen, nr. 23.

seinem dreifaltigen Leben schenken könne. Das und nicht weniger enthält die christliche Antwort auf die Frage nach dem Lebenssinn.

Das alles ist nun sehr schnell gesagt – und in einer Weise, die zwar für den gläubigen Christen einsichtig sein mag, aus der aber der Philosoph zunächst nichts anderes als bloße Worte und unbegründete Behauptungen heraushört. Wenn er höflich sein will, wird er das Ganze vielleicht als Kierkegaard'schen Sprung des Glaubens oder als eine Art Wette im Sinne Pascals bezeichnen. Blondel, als christlicher Philosoph, konnte sich mit einer solchen schnellen Antwort nicht zufrieden geben. Sein ganzes Bemühen ging dahin, aufzuzeigen, daß die christliche Antwort auf die Frage nach dem Lebenssinn auch philosophisch gesehen folgerichtig und vernünftig ist, ja daß wir sie gar postulieren müßten, wenn sie uns nicht schon durch die Offenbarung gegeben wäre.

Er macht diesen Aufweis in zwei Schritten. Zunächst zeigt er in einer philosophischen Analyse, daß wir unsere Existenz und unser Entscheidenkönnen tatsächlich je und je einem Anderen verdanken, der mit uns mitwirkt und der so unser Tun überhaupt erst ermöglicht. Aus diesem Kern Blondel'schen Denkens lege ich Ihnen wiederum nur den eigentlichen Kerngedanken vor: „In unserem Erkennen und Tun besteht ein ständiges Mißverhältnis zwischen Gegenstand und Denken, zwischen Werk und Wollen. Dauernd überholt die wirkliche Ausführung das vorgestellte Ideal, überholt ein immer wieder neu erstehendes Ideal die erreichte Wirklichkeit. Abwechselnd überflügelt das Denken das Tun und das Tun das Denken – folglich müssen Ideal und Wirklichkeit eins sein, denn dieses Einssein ist uns auch wirklich gegeben, aber nur, um uns im gleichen Augenblick schon wieder zu entschlüpfen. Ein wunderliches Lebensgesetz, dieses gegenseitige wechselweise Sich-Vorantreiben von Idee und Tat! ... Alle unsere Unternehmungen [scheinen] um einen Einheitspunkt zu schwingen, in dem sie sich nie halten können, durch den sie aber unaufhörlich hindurchgehen. Nicht aus uns holen wir also das Licht für unser Denken und die Kraft zu unserem Tun. Ein Vermögen, das sich am Grund unserer Seele verbirgt, eine Wahrheit, die uns innerlicher ist als unser eigenes Erkennen, eine Energie, die uns in jedem Moment unserer Entwicklung die nötige Kraft, Freiheit und Klarheit schenkt: all das ist *in* uns ohne *von* uns zu sein ... Auf dem Grund meiner Seele liegt ein Ich, das ich nicht mehr bin; es spiegelt mir mein eigens Bild."[6]

[6] Logik der Tat, aaO., S. 63–64.

Aus diesem ersten Schritt ergibt sich unmittelbar der zweite, der uns wieder zu unserer Frage nach dem Lebenssinn zurückführt. Wenn ich nur kraft dieses anderen Ich, das nicht mehr ich selbst bin, ich selbst sein kann: dann müßte ich mir für meine Selbstverwirklichung, für meinen Selbstbesitz, für meine volle Autonomie ja eigentlich wünschen, daß dieses andere Ich sich mir irgendwie zu eigen gäbe, daß auch Es sozusagen zu einem Gegenstand meines Tuns und meines Entscheidens werden könnte. Das alles muß philosophisch zwar nicht im Irrealis ausgesagt werden, aber zumindest im Potentialis; denn das philosophische Denken kann weder ausmachen, ob diese Möglichkeit wirklich gegeben ist, noch ihre Unmöglichkeit erweisen; denn da hängt alles von der freien Initiative dieses anderen Ich ab. Um das anzudeuten, gibt Blondel dieser Möglichkeit den christlich-theologischen Namen des „Übernatürlichen".

V

Das aber heißt, daß die Antwort auf die Frage nach dem Lebenssinn in letzter Instanz wiederum nur in einer *Entscheidung* liegen kann. Nicht in dem Sinne, daß ich selbst – dezisionistisch – darüber zu entscheiden habe, *ob* mein Leben einen Sinn hat und *was* ich als den Sinn meines Lebens betrachten will. Eine solche dezisionistische Entscheidung über Sinn oder Unsinn meines Lebens bliebe rein theoretisch und würde deshalb mein wirkliches Leben gar nicht betreffen.

Die Entscheidung, um die es hier geht, ist vielmehr eine ganz andere: Ich kann von mir aus meinem Leben keinen letzten Sinn geben. *Wenn* es einen solchen letzten, umfassenden Lebenssinn gibt, dann kann er mir nur von Gott geschenkt sein. Ob dies der Fall ist, kann ich jedoch nicht mehr ausmachen; denn es handelt sich da um das Zusammenspiel zweier Freiheiten, der menschlichen Freiheit und der göttlichen Freiheit. Das Einzige, was ich in dieser Situation *mit meiner eigenen Freiheit* und Entscheidungsfähigkeit noch tun kann, ist, daß ich mich ganz auf Gott ausrichte, daß ich erwarte und hoffe, daß Er mir den Sinn meines Lebens schenkt – ohne jedoch darüber bestimmen zu können oder auch nur ein Wissen darüber zu haben, *ob* dies geschieht oder nicht. So lautet die letzte und höchste Entscheidung, an der der ganze Sinn meines Lebens hängt: „Ja oder nein, will ich mich darauf einstellen, daß mir der Sinn meines Lebens von Gott geschenkt wird – oder will ich darauf beharren, daß ich selbst entscheide, welches der Sinn meines Lebens sein soll?" Wir könnten diese Letztentscheidung als „Entscheidung in zweiter Potenz" bezeichnen. Sie entscheidet über unser Entscheiden, und von ihr hängt es letztlich ab, welchen Sinn alle unsere Einzelentscheidungen haben.

Hören wir nochmals Blondel, der sich für diese entscheidende Frage ein Wort des hl. Augustinus zu eigen gemacht hat: „So stellt uns das innere Lebensgesetz unseres Geistes vor eine *Entscheidungsfrage*, auf die alle Erfahrungen und Lehren des Tuns hinauslaufen: Der Mensch vermag nie aus eigener Kraft zu sein, was er notgedrungen immer schon ist, was er aus innerstem Willen zu werden strebt. Ja oder nein, wird er auch weiterhin leben wollen – so sehr, daß er, wenn man so sagen kann, schließlich daran stirbt, indem er es hinnimmt, sich von Gott verdrängen zu lassen? Oder wird er sich selbst genügen wollen; aus Gottes notwendigem Dasein Gewinn schlagen, ohne je Ja zu Ihm zu sagen; Ihm die Kraft abgewinnen, Seiner zu entbehren; Unendliches wollen ohne den Unendlichen zu wollen? Wollen ohne zu können, können ohne zu wollen, das ist die Wahl, vor der unsere Freiheit steht: ‚Selbstliebe bis zum Gotteshaß, Gottesliebe bis zum Selbsthaß'."[7]

Mit diesem Augustinuszitat können wir Blondel verlassen, um unser eigenes Fazit zu ziehen, indem wir abschließend noch einmal überblicken, wohin uns seine Frage nach dem Lebenssinn geführt hat. Als erstes haben wir festgestellt, daß wir uns ins Leben hingestellt finden, und daß wir in diesem Leben, als zeitliche Wesen, je und je *Entscheidungen* treffen müssen. Wir haben als zweites gesehen, daß es in jeder Entscheidung um ein Besser oder Schlechter geht, und dies bedeutet, daß jede Entscheidung einen bestimmten *Sinn* hat, der sich aus ihrer jeweils vorgegebenen Situation von Gegebenheiten und Werten, in die sie sich hineingestellt sieht, ergibt. Wir haben das die „Seinsordnung" genannt, in der sich jede Entscheidung notwendigerweise vollzieht.

In einem dritten Schritt mußten wir dann unsere Frage radikalisieren, weil uns die Grundsituation einer *erzwungenen Freiheit*, einer Entscheidungsfähigkeit, die jedoch nicht über sich selbst entscheiden kann, als paradox, ja letztlich als sinnlos erschien. Zur Antwort auf diese radikalisierte Frage haben wir uns wiederum Blondel anvertraut. Er hat seinerzeit den philosophischen Aufweis erbracht, daß

---

[7] Ebd., S. 67–68.

sich die scheinbare Sinnlosigkeit unserer Existenz nur dadurch auflösen läßt, daß wir uns selbst als von einem Anderen, Größeren *geschenkt* verstehen. Aber auch das macht wiederum nur Sinn, auch das kann nur zur Antwort auf die Frage nach unserem Lebenssinn werden, wenn wir zu diesem Geschenkt-Sein in freier Entscheidung Ja sagen, das heißt, wenn wir es in freier Entscheidung annehmen als den uns auferlegten, zwar entsagungsreichen, aber ebenso hoffungsvollen Weg zu unserer Selbstverwirklichung. So und nur in diesem Sinne hängt die Frage nach dem Sinn unseres Lebens letztlich von einer *freien Entscheidung unsererseits* ab.

Der Gläubige hat in seiner gläubigen Annahme des Heilsplanes Gottes diese Entscheidung immer schon gefällt. Sein Leben hat einen Sinn, und dieser Sinn wirkt sich bis in seine letzten Alltagsentscheidungen hinein aus. Wie aber steht es mit jenen – bei weitem die Mehrzahl der Menschen, die von der Offenbarung Gottes in Jesus Christus nichts wissen oder sie nicht als solche anerkennen können? Gerade hier, in der Frage des Heils (das heißt des Lebenssinnes) für die Nichtgläubigen, können uns die angestellten Überlegungen eine erhellende Antwort geben. Jeder Mensch vollzieht, zum mindesten unausgesprochen, die „Entscheidung in zweiter Potenz". Sie drückt sich in der Sinnrichtung aus, die jeder Mensch seinen Einzelentscheidungen gibt. Diese können entweder das Bemühen ausdrücken, jeweils das erkannte Bessere zu wählen und stets nach einem positiven Sinn zu suchen – oder aber die trotzige Verweigerung jeder Sinnsuche, das Beharren auf dem Eigen-Sinn. Im ersten Fall zeigt dieser Mensch durch seine Einzelentscheidungen an, daß er gegebenenfalls auch bereit ist, den Sinn seines Lebens von einem anderen geschenkt zu erhalten; er ist ein „anonymer Christ" (wie Karl Rahner diese Menschen genannt hat) oder, wie Blondel vielleicht richtiger formulierte, ein „christlicher Sokrates".

Aus dieser Sichtweise Blondels, daß in den unausweichlichen, fortlaufenden Einzelentscheidungen unseres Lebens auch eine Letztentscheidung geschieht, haben die Moraltheologen ihr Lehrstück von der Grundentscheidung, der „optio fundamentalis" entwickelt. Sie soll in allen unseren Einzelentscheidungen impliziert sein und in letzter Instanz auch über unser ewiges Heil entscheiden. Es ist also durchaus so, daß die Sinngabe für unser Leben auf einer Entscheidung unsererseits beruht; doch diese große Lebensentscheidung vollzieht sich implizit in all unseren kleinen Alltagsentscheidungen.

Otto F. Kernberg

Sinn und Angst

Ich werde in der gebotenen Kürze versuchen, eine psychoanalytische Einstellung zur wechselseitigen Beziehung zwischen Sinn und Angst zusammenzufassen. Psychoanalyse steht zwischen Theologie einerseits und Philosophie und Religion andererseits. Es ist die Perspektive der Entwicklung und der psychologischen Funktionen, mit der sie sich beschäftigt. Das Ziel der Psychoanalyse besteht darin, mittels ihrer durch Erfahrung und Forschung gewonnen Erkenntnisse denjenigen zu helfen, die an einer pathologischer Angst und einer pathologischen Sinnlosigkeit ihres Lebens leiden. Ich werde Ihnen also hier die Grundstrukturen des psychoanalytischen Denkens unter dieser Hinsichtnahme zu vermitteln versuchen.

Angst ist ein fundamentaler Affekt. Sie ist ein spezifischer Affekt, der eine Gefahr, eine radikale Gefahr für die Existenz darstellt. Im Gegensatz zur Furcht, die eine sehr konkrete Angst gegen eine wohl verstandene Gefahr darstellt, ist Angst eine allgemeine Reaktion gegen eine Gefahr, die nicht klar verstanden wird, deren Auswirkungen nicht klar vorausgesehen werden können und die daher als fundamentale Bedrohung empfunden wird. Affekte sind spezifische, psychobiologische Systeme. Wir sehen sie zuerst bei Säugetieren, die in ihrer Entwicklung, vor allem in der ersten Lebenszeit nach der Geburt, auf Schutz angewiesen sind. Im Gegensatz zu niedrigeren Gattungen der Tierwelt stellen Säugetiere die höchste Art innerhalb der Gattungen dar, in der Affekte eine neue biologische Funktion erfüllen, nämlich die Mutter von den Gefahren, denen sich das Junge ausgesetzt sieht, zu informieren. Alle Säugetiere zeigen Affekte. Affekte, die einerseits ein subjektives Element von Emotionalität, d. h von einem subjektiv guten oder bösen Gefühl aufweisen und die anderseits eine Kommunikationsfunktion haben. Zu jedem Affekt gehören ein bestimmter Gesichtsausdruck, bestimmte Signale, und ein bestimmtes Verhalten, die instinktiv von der Mutter erkannt werden und sofort zu beschützenden Maßnahmen führen. Die weiteste Entwicklung der Affekte finden wir bei den Primaten und innerhalb der Primaten selbstverständlich beim Menschen. Es gibt sechs oder sieben fundamentale Affekte, die sich bereits kurz nach der Geburt entwickeln. Angst ist einer der wichtigsten. Wut, Überraschung, Ekel, Freude sind andere fundamentale Affekte. Jeder dieser Affekte hat einen bestimmten Ausdruck, der für alle Kleinkinder derselbe ist, der also instinktiv angeboren und biologisch determiniert ist und auch instinktiv von der Mutter erkannt wird. Angst hat also die spezifische Funktion, die Gefahren einerseits sich selbst, andererseits aber auch derjenigen Person bekannt zu machen, die einen beschützt. Die erste Gefahr ist unendlicher Schmerz. Das Kleinkind weint, wenn es Schmerzen hat, und die Mutter kommt, um es zu beruhigen und zu untersuchen, was das Problem ist, um es zu lösen.

Diese erste Gefahr transformiert sich sehr schnell in eine zweite, nämlich die, von der Mutter verlassen zu werden bzw. die, daß die Mutter nicht erscheint, wenn sie gebraucht wird. Wir nennen normale Bindung eine Entwicklung, in der das Kleinkind einen fundamentalen Affekt zeigt. Das Weinen des Kleinkindes ist eine Mischung von Angst, Ärger und Trauer, wobei hier die Angst überwiegt. Wenn aber die Mutter nicht bald genug kommt, steigt der Anteil der Wut. Die Fähigkeit zur Trauer entwickelt sich langsamer. Das Wichtige ist, daß diese Bindungsreaktion eine der fundamentalen biologischen Funktionen des Menschen ist. Wir wissen heute sehr genau, welche Gehirnstrukturen und welche Neurotransmittoren diese fundamentale Angstreaktion des Kindes hervorrufen. Von Anfang an hatten Affekte, so die neuesten Erkenntnisse, immer diesen doppelten Aspekt: ein spezifisch subjektives Empfinden und eine Botschaft an den anderen.

Nach dieser Angst, von der Mutter verlassen zu werden, kommen später weitere fundamentale Ängste hinzu. Unter diesen ist an erster Stelle die Angst, von bösen Objekten angegriffen und zerstört zu werden, zu nennen. Diese Angst vor bösen Objekten, die bereits für das acht Monate alte Kleinkind typisch ist (z. B. in der Angstreaktion vor Fremden und vor gewissen Tönen, Spielzeugen, Erfahrungen), macht sich sehr häufig nur auf unscheinbare und diskrete Weise bemerkbar. Diese Art der Angst, die besonders von der Psychoanalyse untersucht wurde, zeigt, daß das Kleinkind schon sehr bald, nämlich dann, wenn es frustriert ist, seine eigene Wut auf die Außenwelt projiziert und diese Außenwelt als feindlich ansieht, so daß also die

Angst vor Zerstörung eine Konsequenz dieser Projektion der Wut auf die Außenwelt ist. Die Angst vor Zerstörung nimmt dabei unterschiedliche Formen an. Typisch für diese primitiven Ängste ist etwa die Angst, aufgefressen oder vergiftet zu werden, aber auch – zu einem späteren Zeitpunkt der Kindheit, wenn die kindliche Sexualität erwacht – die Kastrationsangst. Der spezifische Inhalt dieser Verfolgungsangst, die im Unbewußten universal ist, ändert sich im Laufe der Zeit und hängt von den jeweiligen Konflikten ab, in die das Kleinkind verwickelt ist.

Dann, zum Schluß, taucht eine neue Gefahr auf, und diese ist für uns am interessantesten, führt sie doch direkt zur Entwicklung des Sinnes der eigenen Existenz. Ich spreche von der Gefahr, vom eigenen Über-Ich verlassen zu werden. Im Laufe der ersten sechs bis sieben Lebensjahre entwickelt sich normalerweise ein inneres Gefühl für Recht und Unrecht, das von den elterlichen Geboten und Verboten bestimmt wird und das bewirkt, daß diese Gebote und Verbote der Eltern langsam zu einer inneren seelischen Struktur aufgebaut werden. Die ursprüngliche Angst vor dem Verlassenwerden von den Eltern wird nun durch entsprechende Konflikte zwischen dem Ich und dem Über-Ich ersetzt. Die Eltern werden sozusagen internalisiert, und diese „internalisierten Eltern“ bilden eine innere moralische Instanz, aus der sich langsam ein Weltbild zusammensetzt, das eine ethische Qualität besitzt, denn es zeigt an, was gut ist und was unakzeptabel bzw. böse ist und mit Verlust der Liebe der Eltern bestraft wird.

Dem Über-Ich kommt also die entscheidende Funktion in der Entwicklung einer frühen Ethik zu, eines frühen Systems ethischer und moralischer Werte, die zunächst personalisiert sind, d. h. praktisch mit den Geboten und Verboten der Eltern in engem Zusammenhang stehen, die sich dann aber im Laufe der späteren Kindheit – ab dem sechsten und siebten Lebensjahr und später auch noch in der Pubertät und Adoleszenz – langsam zu einem autonomen System entwickeln. In diesem Prozeß bilden sich die realistischen Erfahrungen des Kindes mit seiner Umwelt zu ethischen und moralischen Werten weiter aus und beeinflussen so das Über-Ich. Es kommt zu einem Prozeß der Abstraktion und der Verallgemeinerung der Werte sowie der Individualisierung des Über-Ichs, aus dem sich eine eigene autonome innere Moralität entwickelt, die ein wichtiger Bestandteil der Persönlichkeit wird und die gleichzeitig die Funktion hat, die Beziehungen des Individuums zu sich selbst im Rahmen dieser inneren Moralität sowie die Beziehungen zu der psychosozialen Umwelt im Rahmen dieser Moralität zu bestimmen, zu befestigen und zu beschützen.

Aber das ist nur ein Teil der Funktion des Über-Ichs, denn dieses ermöglicht nicht nur die Schöpfung eines eigenen Wertsystems, sondern es ist gleichzeitig auch eine Art Empfangsorgan für transzendentale Wertsysteme. Es verbindet das Individuum mit allgemeinen Wertsystemen, allgemeinen Universalwertsystemen, wie sie in der Philosophie, aber besonders auch in der Religion enthalten sind. Das heißt also, daß das Über-Ich eine psychologische Religiosität entwickelt, die aber gleichzeitig die Möglichkeit mit einschließt, Religion als objektives Wertsystem aufzufassen.

Was wir also bis hierher dargestellt haben, ist – kurz zusammengefaßt – die Entwicklung früher Ängste, das Übernehmen dieser Ängste durch das Über-Ich und die Verbindung von frühen Ängsten mit der Entwicklung von Abwehrsystemen gegen diese Ängste, die gleichzeitig eine Integration von Wertsystemen und einen Anfang in der Konstituierung von Lebenssinn bedeuten.

Wir sprechen von unterschiedlichen pathologischen Entwicklungen der Angst:

1. Die *realistische Angst* vor objektiven Gefahren, denen wir alle ausgesetzt sind: Krankheit, Tod, katastrophische Entwicklung der Natur, katastrophische Entwicklung der Kultur, Verfolgung, Krieg, Arbeitslosigkeit. Alle diese Gefahren lösen normale Angst aus, obwohl in dieser Angst immer Reste unbewußter Ängste, die mit unbewußten Kindheitskonflikten zu tun haben, mitschwingen. Wir sprechen von unterschiedlichen Graden der Angst, diffusen allgemeinen Angstgefühlen, die von intensiver Panik zu unterscheiden sind, welche immer einen Spitzenaffekt der Angst darstellt angesichts einer plötzlichen überwältigenden Gefahr, die paralysierend wirkt und sofort nach Maßnahmen verlangt. Panik ist unter extremen realen Situationen möglich, aber es gibt auch neurotische Angst und neurotische Panik.

2. Eine *neurotische Angst* liegt dann vor, wenn die Angst nicht aus realen äußerlichen, sondern aus unbewußten innerlichen Ursachen entsteht. In der psychoanalytischen Behandlung entdecken wir langsam, welches diese unbewußten Gefahren sind. In den einfachsten Fällen sind es exzessive Verbote gegenüber triebhaften Bedürfnissen des Kleinkindes oder eine exzessive Hemmung aufgrund von exzessiv strengen Eltern oder Familienumständen, die Ausdruck des Bedürfnis-

ses nach Abhängigkeit, aggressiver Strömungen oder kindlicher sexueller Strömungen sein kann. Die exzessive Unterdrückung solcher Strömungen in der Entwicklung des Kleinkindes können zu einem Über-Ich führen, das alle Abhängigkeitsbedürfnisse, alle aggressiven Bedürfnisse, alle sexuellen Bedürfnisse unterdrückt, so daß es als Erwachsener dann zwar normale Abhängigkeitsbedürfnisse, z. B. in einer Liebesbeziehung, erfüllen könnte, dies aber nicht ertragen kann aus Angst, und zwar aus einer neurotischen Angst vor der Möglichkeit einer Liebesbindung. Neurotische Angst gibt es aber auch angesichts von realistischen Umständen, in der die sexuelle Befriedigung möglich und logisch wäre, oder auch gegenüber ganz normalen Situationen, in denen eine aggressive, selbstbehauptete Reaktion durchaus angebracht wäre, aber stattdessen eine Hemmung auftritt.

Dies alles sind also Anzeichen von übertrieben unterdrückenden und verbietenden Aspekten des Über-Ichs, die zum Teil von exzessiver Strenge oder chaotischen Erziehungsformen der Eltern herrühren, zum Teil aber auch aus sehr starken instinktiven Strömungen, z. B. den instinktiven Dispositionen zu aggressiven Reaktionen, resultieren, die durch Projektion ein irreales Bild von strengen, verbietenden oder verfolgenden Eltern entstehen lassen. Wir sprachen von realer Angst, wir sprachen von neurotischer Angst, aber es gibt auch

3. eine *existenzielle Angst,* die ganz spezifisch von einem Gefühl der Sinnlosigkeit des Lebens herstammt. Sinnlosigkeit des Lebens, die entweder von einer fehlerhaften Entwicklung des normalen Über-Ichs herrührt oder von einer unbewußten oder bewußten Verleugnung von fundamentalen, ethischen und moralischen Werten, die sich im Laufe der Kindheit entwickelt haben und deren normale Entfaltung gehemmt oder unterbunden ist.

Das bringt mich zu der Analyse der psychoanalytischen Einteilung dieser fundamentalen Wertsysteme der Unterdrückung oder der Fehlentwicklung, die zu Existenzialangst führen können. Ich erwähnte schon, daß Angst von allem Anfang an die Gefahr von Zerstörung, Verlassenwerden, Angegriffenwerden und Schuld bedeuten kann. Der fundamentalste Konflikt der ersten drei Lebensjahre wurde von der deutsch-britischen Psychoanalytikerin Melanie Klein in der Analyse von schwerkranken Kindern erforscht. Und zwar handelt es sich hierbei um die normale Spaltung im frühen Erlebnis zwischen tief befriedeten Erlebnissen – zunächst und einerseits in der Beziehung mit der Mutter, später und andererseits dann in der Beziehung mit den Eltern und Geschwistern –, befriedeten Interaktionen, die die Möglichkeit früher Liebesinvestitionen wie Zärtlichkeit, Dankbarkeit, Glück des engen Zusammenseins etc. ermöglichen und die Grundstruktur des normalen Ichs darstellen. Sie sind die Basis für innere Sicherheit, für die Fähigkeit zu lieben, für das Vertrauen in Andere, für die Sorge um Andere, für das Mitgefühl und natürlich auch für die Möglichkeit sexueller Liebe. Diese positiven Erfahrungen werden unabhängig von den entgegengesetzten bösen im frühen Gedächtnis aufbewahrt. Das heißt, es gibt in den frühen Jahren realistisches tägliches Erleben, in dem sich langsam normales Lernen, Kenntnisse, Selbstbewußtsein, realistische Erfahrungen im Bewußtsein von anderen entwickeln, und zwei extreme Sektoren, die tiefer liegen, vorwiegend unbewußt sind und durch extreme positive und extreme negative affektive Beziehungen bestimmt werden. Wir nennen diese das idealisierte und das verfolgende Segment frühen Erfahrens, wobei beide als Grundlage des verdrängten Unbewußtwerdens, d. h. als Basis unbewußter Konflikte, weiterhin das Leben beeinflussen. Diese frühe Spaltung idealisierter und verfolgender Beziehungen – und ich sage verfolgender, weil, wie schon gesagt, die frühe Wut nach außen projiziert wird, so daß die für das Kleinkind wichtigen anderen als böse, als gefährlich und als verfolgend angesehen werden – wird normalerweise im Laufe der ersten drei Jahre integriert, so daß das Kleinkind langsam merkt, daß die geliebte Mutter und die bedrohende Mutter dieselbe Mutter ist, daß sie gut und schlecht, aber hauptsächlich gut ist, mit ein paar negativen Aspekten vielleicht, und daß es selbst, also das Kleinkind selbst, manchmal gut und manchmal schlecht ist, mehr gut als schlecht, aber alles in allem doch ganz akzeptabel. Das heißt, das Kleinkind kann sich nun realistisch betrachten und empfindet sich nicht mehr nur als gänzlich gut oder gänzlich böse. Diese normale Integration bedeutet auch, daß nach dem dritten Lebensjahr die eigenen aggressiven Strömungen als solche angesehen und nicht mehr nach außen projiziert werden. Sie können jetzt toleriert werden, weil man sich sicher über die eigene Güte ist, über das Vorherrschen der positiven, liebevollen Beziehungen. Diese realistische Einschätzung des Selbst fördert Schuldgefühle gegenüber aggressivem Verhalten, das nicht mehr projiziert wird. Diese Schuldgefühle werden jetzt eben vom Über-Ich geleitet, das in der Integration zwischen diesen guten und bösen Imagos der Eltern ein integriertes Bild der Eltern internalisiert. Das Über-Ich anerkennt nun die Gebote und Verbote und gewinnt so einen doppelten Aspekt. Einerseits stellt es die Basis für die Entwicklung von Schuldgefühlen dar, andererseits bildet es die Basis für die Fähigkeit, die eigene Schuld anzuerkennen und zu versuchen, gefährdete Beziehungen zu reparieren, wieder gutzumachen und im allgemeinen die eigenen Bedürfnisse und instinktiven Triebe in der adaptiven Art einer Beziehung mit anderen auszudrücken. Das heißt also, hier geschieht der Anfang der Sublimierung und der Transformation von primitiven Impulsen in soziale und menschlich schöpferische, annehmbare und konstruktive Erlebnisse und Handlungen.

Wir nennen diese frühe Spaltung die schizo-paranoide (schizo von spalten und paranoid von projizieren der Aggression) Position und die spätere Integration die depressive Position, weil das Aushalten von Schuldgefühlen Depressionen hervorruft. Die Fähigkeit, sich selbst zu deprimieren ist also eine normale Fähigkeit, die auch fehlschlagen kann, genauso wie die Angst, von der wir heute bereits sehr entwickelte Kenntnisse haben, so daß wir die normale Depressionsfähigkeit, die Fähigkeit zur Trauer und Sorge, sehr wohl von pathologischen Entwicklungen der Depression als Krankheit unterscheiden können. Pathologische Depressionen können von einer biologisch abnormalen Affektentwicklung, aber auch von einer schweren Über-Ich-Pathologie verursacht werden.

Die erste fundamentale Aufgabe besteht also im Erlernen der Fähigkeit, ideale und verfolgende, gute und böse Aspekte des Selbst und der Anderen zu integrieren und zu tolerieren, d. h im Erlernen der Fähigkeit, Ambivalenz auszuhalten. Dies setzt natürlich voraus, daß in früheren Beziehungen die Liebe gegenüber der Aggression vorherrschend gewesen ist. Denn der Grund für diese frühe Spaltung liegt eben genau in dem Versuch, das ideale Segment vor der Ansteckung durch das negative Segment zu bewahren. Das heißt, die Spaltung beschützt die idealen Beziehungen bis zu dem Moment, wo Integration bereits möglich wird und Spaltung nicht länger nötig ist. Wenn hingegen in den früheren Beziehungen die exzessive Aggression dominierend war, z. B. in Gestalt exzessiver Grausamkeit, der Mißhandlung des Kleinkindes, schwer chaotischer oder pathologischer Beziehungen in der Familie oder manchmal auch schwerer physischer Krankheiten im ersten oder zweiten Lebensjahr, die chronische Schmerzen zu einem Grad verursachen, daß daraus chronische Wutreaktionen und deren Projektion in verfolgende Beziehungen entstehen – also eine Verbindung von biologischer Disposition, exzessiver negativer Affekte und besonders frühen traumatischen Erfahrungen –, dann kann sich diese exzessive Aggression so entwickeln, daß die Spaltung nicht mehr überwunden werden kann und also weiterhin für die Persönlichkeitsentwicklung bestimmend bleibt.

Unter diesen Umständen kann sich das normale Über-Ich nicht entwickeln, bleibt schwach oder unterbunden, und wir stoßen hier auf typische Probleme der Unfähigkeit, normale Sinnstrukturen des Lebens aufzubauen. Es gibt Grade dieser Unfähigkeit, einen normalen Sinn des Lebens zu entwickeln. Schwerstgestörte Persönlichkeiten sind schwer paranoide Persönlichkeiten, die aus einem Überwuchern von Aggression, die projiziert wird, ihre Sicherheit nur über die Macht gegenüber anderen, im Schutz oder in der Beschützung vor imaginären Verfolgern bzw. im aktiven Verfolgen und Zerstören oder sogar Töten von anderen gewinnen können. Primitive Angst vor Zerstörung führt also zu einer Lösung, in der der Sinn des Lebens allein darin besteht, Macht auszuüben, andere zu unterdrücken oder sadistisch zu behandeln.

Es gibt ein spezifisches Syndrom, in dem diese paranoide Einstellung sich mit dem verbindet, was wir eine narzißtische Einstellung nennen, und das sich in einer entgegengesetzten Entwicklung manifestiert, in der sich die Unfähigkeit der Integration zwischen dem idealisierten und verfolgenden Segment in einer Abwehrstruktur zeigt. Das Individuum bezeichnet sich selbst als ideal, projiziert alle Aggression nach außen und schützt sich gegen eine paranoide Einstellung, indem es sich selbst als perfekt betrachtet und sich mit allen guten Beziehungen so identifiziert, daß es selbst sozusagen die gute Mutter wird, anstatt die Fähigkeit zur Abhängigkeit von einer guten Mutter – zur Abhängigkeit überhaupt – zu bewahren. So entwickelt sich das, was wir narzißtische Persönlichkeiten nennen, Menschen, die ein übersteigertes Gefühl der eigenen Wichtigkeit haben, das sich in Form der Großartigkeit, oft der Arroganz und der Unfähigkeit zu lieben artikuliert und nicht selten mit einer verblüffenden Selbstsicherheit verbunden ist. Weil diese Menschen dauernd die Bewunderung von anderen brauchen, um zu überleben, blenden sie die ganz normale Unsicherheit in den – oft schwachen und zerbrechlichen – Beziehungen zu den anderen aus. Während paranoide Persönlichkeiten andere bedrohen, unterdrücken und bekämpfen müssen, um zu überleben, brauchen narzißtische Persönlichkeiten die Bewunderung von anderen.

Diese beiden entgegengesetzten Lösungen entsprechen etwas Fehlerhaftem, nämlich der Unfähigkeit zur Integration der idealisierten und verfolgenden Segmente und dem Fehlen der korrespondierenden Integration des Über-Ichs, die normalerweise stattfinden sollte. Die Verbindung dieser beiden Persönlichkeitsstrukturen in einer schwer lädierten Persönlichkeit zeigt sich im Syndrom des bösartigen Narzißmus, in dem die Großartigkeit und die Unfähigkeit zu lieben – typisch für narzißtische Persönlichkeiten – einher- und zusammengeht mit dem Gefühl, daß Sicherheit nicht nur aus der Bewunderung der anderen herrührt, sondern auch aus der Unterdrückung und Ausübung von Macht, so daß die Kombination von Großartigkeit, Arroganz und Machtgier sich zu einer entsetzlichen Persönlichkeitsstruktur entwickeln kann, die unter Umständen und vor allem in führenden politischen Positionen gefährlich für eine Gesellschaft werden könnte. Es verwundert also nicht, daß unsere heutigen Erkenntnisse über die Persönlichkeit mancher der großen Verbrecher des 20. Jahrhunderts gezeigt haben, daß sowohl Hitler als auch Stalin typische Merkmale dieser Persönlichkeitsstruktur aufwiesen, nämlich einen pathologischen Narzißmus gemischt mit Zügen von Großartigkeit, Aggressivität, fast Verfolgungswahn und Unehrlichkeit, der unmittelbarer Ausdruck ist von ich-symptomer Aggression, Unfähigkeit, tiefere Beziehungen einzugehen, Grausamkeit und Unehrlichkeit als Konsequenz der fehlenden Entwicklung des Über-Ichs. Angst kann bei einer solchen Persönlichkeit nur durch Großartigkeit, Macht und Unterdrückung von anderen abgewehrt werden.

Wenn wir uns normaleren Persönlichkeitsentwicklungen zuwenden, haben wir den Fall einer zwar schon viel leichteren, aber doch auch noch pathologisch zu nennenden Entwicklung: z. B. in der masochistischen Entwicklung eines exzessiv überwucherten Über-Ichs. Wir beschreiben die masochistische Persönlichkeit als eine Persönlichkeit, die unbewußt an pathologischer exzessiver Schuld gegenüber ihren kindlichen, aggressiven, sexuellen und abhängigen Gefühlen leidet und deren Über-Ich sie zwingt, sich selbst zu opfern als Ausdruck dieser Schuld. Solche masochistischen Entwicklungen zeigen sich entweder in der Tendenz zu schwerer charakteriologischer Depression oder in einer unbewußten Tendenz, sich selbst zu zerstören oder den Sinn des eigenen Lebens so zu verzerren, daß nur das Selbstopfer als Ausweg bleibt, um zu überleben. Hier wird Angst zu einer pathologischen Angst vor Umständen, in denen normale Menschen sich glücklich, kreativ und sicher fühlen würden. Wir sehen sehr oft Menschen, die unbewußt immer wieder ihre Liebesbeziehungen zerstören müssen aus unbewußter Schuld gegenüber verbotenen infantilen sexuellen Zügen, oder die nur dadurch in einem Bereich ihres Lebens erfolgreich sein können, daß sie diesem gleichzeitig andere Bereiche opfern. Chronisches selbstzerstörerisches Verhalten ist vielleicht die häufigste Manifestation von Über-Ich-Pathologien. Hier wird deutlich, daß das Pathologische nicht aus der fehlenden Entwicklung des Über-Ichs resultiert, sondern vielmehr aus dessen Überwucherung. Natürlich ist der letzte Grund dafür der Wunsch, sich entsetzlich strengen und perfektionistischen Eltern zu unterwerfen und ihnen gerecht zu werden, um überhaupt überleben zu können. Masochismus kann also im Grunde genommen auch aus einer frühen normalen Angst entstehen, einer Angst allerdings, die sich zu einem pathologischen Schuldgefühl entwickelt hat. Der schottische Psychoanalytiker Ronald Faber hat in einem wunderschönen Satz diese pathologische masochistische Einstellung charakterisiert, indem er sagte: „Es ist immer für das Kind besser, zu fühlen, daß es in der Welt eines strengen Gottes lebt, als in der Welt eines unberechenbaren Teufels." Das heißt also, daß das Kleinkind – wie grausam auch immer seine Erfahrungen waren – versucht, eine moralische Struktur aufzubauen, in der es überleben kann. Und auf diese Weise kommt es dann zu einem pathologischen exzessiven Über-Ich.

Aber jetzt kommen wir am Schluß zum normalen Über-Ich und der Entwicklung von normalen Wertsystemen, die den Sinn des Lebens entwickeln und bestätigen. Zunächst einmal ist die Voraussetzung für eine normale Entwicklung die Möglichkeit, während der Kindheit eine flexible Kontrolle der Aggression auszubilden, ein Vertrauen in die Prädominanz der Liebe, die Möglichkeit einer Reparation der Sublimation, eine flexible Kontrolle der infantilen Sexualität sowie die Möglichkeit ihrer Reintegration während der Pubertät und der Adoleszenz, die Möglichkeit also, durch frühe Erfahrungen Erotik und zärtliche Liebe nach und nach zu integrieren. Es gibt eine Reihe von psychoanalytischen Untersuchungen darüber, wie sich unter solchen Umständen normale Wertsysteme des Über-Ichs entwickeln (Donald Meltzer, Donald Winnicott, Wilfred Bion). Meltzer untersuchte die frühe Idealisierung des äußeren Erscheinungsbildes der Mutter und kam zu dem Schluß, daß frühe Aggressionen sehr oft in das Innere des Körpers der Mutter projiziert werden und dann unter pathologischen Umständen zu hypochondrischen Ängsten, unter normalen Umständen hingegen stets zu Angst vor Krankheit und Gefahren innerhalb des eigenen Körpers führen. Andererseits konnte Meltzer aber auch zeigen, daß die Idealisierung der Oberfläche des Körpers der Mutter den Sinn für Schönheit ausbildet und damit die erste Stufe in der Entwicklung von ästhetischen Werten darstellt. Er hat also den Sinn der Ästhetik als fundamentales Wertsystem von der frühen Mutter-Kind-Beziehung abgeleitet. Donald Winnicott, der sowohl Kinderarzt als auch Psychoanalytiker war, untersuchte die Beziehung, die Kleinkinder zu dem unterhalten, was er transitionelle Objekte nannte, wie etwa das Leintuch, den Teddybär oder diejenigen Objekte, die ein Kleinkind immer beim Schlafen bei sich hat, die es schlägt, beschmutzt, wegwirft und immer wieder aufhebt in der Sicherheit, daß trotz der schlechten Behandlung die Liebe zu dem jeweiligen Objekt doch überwiegen wird. Dieses Objekt ist ein erstes symbolisches Objekt, in dem Integration stattfindet. Es ist ein Objekt, das weder die Mutter selbst ist noch das Kind, und das eine Art Zwischenraum, den sogenannten transitionellen Raum bildet. Für Winnicott symbolisiert dieser Raum die frühe Entwicklung der Phantasie, d. h. einer Realität, die weder eine Wahnidee ist noch der äußeren Realität entspricht. Es ist eine in der Mitte stehende Illusion, aus der die Fähigkeit entsteht, eine illusionäre Welt kultureller Werte hervorzubringen. Die Kreativität der menschlichen Phantasie und die Fähigkeit, aus ihr eine Phantasiewelt zu schaffen, die eine neue Welt der menschlichen Existenz darstellt, ist nach Winnicott als eigene Entwicklungsphase zu verstehen, die spezifisch für den Menschen ist. Illusion, Phantasie und Kultur würden aus dieser Fähigkeit entstehen.

Wilfred Bion untersuchte schwere Pathologien, sowohl beim psychotischen Patienten als auch bei schweren Persönlichkeitsstörungen, die oben bereits beschrieben wurden, und kam zu dem Schluß, daß die Über-Ich-Entwicklung im Rahmen von drei Gesichtspunkten stattfindet:

1. dem der *Ästhetik*, d. h. des Sinns der Schönheit und der Harmonie, der Bewunderung von Natur und Kunst sowie der Kreativität in der Kunst,

2. dem der *Ethik*, bezogen auf die Entwicklung eines normalen Gewissens und der Erkenntnis einer moralischen Welt, die das Individuum transzendiert und für die ganze Menschheit gültig ist, und

3. dem der *Wahrheit*, der objektiven Wahrheit oder Wissenschaft, von der die Fähigkeit zu realistischer Arbeit und zur Kreativität in der Arbeit herstammt.

Er kam zu der Auffassung, daß diese Integration zwischen den idealisierten und den verfolgenden Sektoren, zwischen Liebe und Aggression – ein Überhang an Liebe vorausgesetzt – sich in kreativer Weise auf diesen drei Gebieten ausdrückt, die Liebe sich also sowohl in der Ethik, in der Ästhetik wie auch in der Erkenntnis der Realität von Beziehungen manifestiert. Seiner Meinung nach drückt sich Ethik in der Liebe aus, in der Fähigkeit zur Verantwortung, Güte und Gerechtigkeit, so daß also diese bipolare Situation zwischen Liebe und Aggression zusammen mit den drei fundamentalen Organisationssystemen des Über-Ichs die Fähigkeit des Menschen konstituieren, sich in die Welt der verschiedenen Wertsysteme von Religion, Philosophie, Kunst und Wissenschaft einzugliedern und deren Werte in den zwischenmenschlichen Beziehungen zu bestätigen.

Als Psychoanalytiker, Psychiater und Psychotherapeut würde ich sagen, um nun zum Schluß zu kommen, daß wir in der Begegnung mit Patienten, die unter Angst oder Angstzuständen leiden, zunächst einmal untersuchen sollten, wie weit ihre Fähigkeiten auf den Gebieten der Liebe, der Arbeit, des sozialen Lebens und der Kreativität schon entfaltet bzw. noch gehemmt sind. Wir fragen dabei nicht nach Perfektion, sondern danach, ob die wirkliche Erfüllung eines normalen Lebens, die Zufriedenheit in der Intimität der Liebe, in der Produktivität und Kreativität der Arbeit möglich und eine Beziehung zur Kultur im weitesten Sinne entwickelt ist. Wir finden Patienten, die an neurotischer unbewußter Angst leiden und immer wieder spezifische Hemmungen auf einem oder mehreren dieser Gebiete, die uns diese Verbindung zwischen unbewußter Angst und unbewußten Konflikten gerade in diesen Bereichen zeigen, haben. Andererseits untersuchen wir dort, wo die Angst eine allgemeine Unruhe und Unsicherheit gegenüber einem Leben ausstrahlt, das eigentlich erfüllt und zufriedenstellend zu nennen wäre, wie weit es sich hier um eine *existentielle* Angst handeln könnte, in der Fähigkeiten und Möglichkeiten aufgrund unbewußter Konflikte oder äußerer Situationen behindert werden. Hier kann der Psychoanalytiker dem Patienten womöglich helfen, die Hemmung der vollen Entwicklung seiner Wertsphäre aufzudecken und damit die Wertsysteme und die mit ihnen verbundenen Sinnstrukturen seines Lebens überhaupt zu entdecken. Und hier ist es auch, wo wir unter Umständen auf eine diffuse und ernste Pathologie stoßen können oder sich eine allgemeine subtile masochistische oder narzißtische Orientierung zu erkennen gibt, in der es nicht um einen spezifischen Konflikt geht, sondern um eine allgemeine Entwicklungshemmung in der Fähigkeit, sich den Sinn des Lebens selbst zufriedenstellend zu gestalten. Ein gewisser Grad von Angst ist normal. Es gibt bestimmte Gefahren, denen wir immer ausgesetzt sind, wirkliche Gründe also, die die Kreativität einschränken, die die Liebesfähigkeit oder den Sinn für Gerechtigkeit beschränken. Es gibt aber ferner auch die Gefahr unbewußter Aggression, die immer auch Aspekte hat, die nicht integriert werden können. Wo ich früher sagte, daß unter normalen Umständen der idealisierende und der paranoide Sektor integriert werden, muß ich jetzt hinzufügen, daß ein gewisser Rest von Nichtintegration immer bestehen bleibt, und daß es in diesem Sinne Elemente unverarbeiteter Situationen innerhalb des Individuums gibt, die sich unter Umständen so entwickeln können, daß sie vom Individuum selbst gar nicht mehr zu kontrollieren sind. Ich spreche hier von Regressionen in langwierigen intimen Beziehungen – z. B. in schweren Ehekonflikten oder bei Aggressionen, die sich im Laufe der sozialen Entwicklung zeigen –, also von Regressionen in Gruppen und Kleingruppen, in sozialen Organisationen und in der Gesellschaft allgemein, die unter besonderen politischen Umständen und vor allem unter Aktivierung der Massenpsychologie in Erscheinung treten. Denn wie schon Freud geschrieben hat, besteht einer der Aspekte der Massenpsychologie darin, daß das persönliche Über-Ich geschwächt wird und dadurch die Tendenz entsteht, dieses Über-Ich auf eine ganze Gruppe oder eine Führungsschicht zu projizieren. Die Befreiung des Inneren des Über-Ichs, die dadurch entsteht, ist eine scheinbare und gefährliche zugleich, da wir hier zwar eins werden mit der ganzen Masse, dahinter aber primitive, konfliktgeladene und besonders aggressive Impulse an die Oberfläche gelangen. Es ist die Gefahr des Unbewußten und der sozial aktivierten Realität des Bösen, einer primitiven, unkontrollierbaren Aggression, die unter Umständen eine unerhörte Kraft und einen Teufelskreis allgemeiner Regression hervorrufen kann. Die Beschränkung des persönlichen Lebens durch die kulturelle

Struktur ist ein Grund sowohl für die normale existenzielle Angst wie auch für die unkontrollierbaren Aspekte dieser Kultur. Zum Teil ist es aber auch so, daß die Möglichkeit besteht, existenzielle Angst durch kulturell bereitstehende Abwehrmechanismen zu reduzieren oder gar aufzulösen, etwa durch die Möglichkeit einer sich selbst verleugnenden hedonistischen Anpassung an die verschiedensten kulturellen Beruhigungsmittel. Die Folge davon ist, daß der Mensch auf diese Weise den normalen und fördernden Aspekten der Angst zu entfliehen versucht und damit aufhört, sich selbst treu zu sein.

Angst spornt also, zusammenfassend gesagt, den Sinn des Lebens durchaus an. Das Über-Ich kontrolliert die Angstauslösung und hilft dadurch zur Entwicklung von Wertsystemen, die eine relativ normale Sicherheit gegen Angst bieten können.

Psychoanalyse ist keine Weltanschauung und verteidigt oder beansprucht keinen Lebenssinn, sondern sie ist eine Wissenschaft, die sich mit der Entwicklung – deren Fähigkeit und Hemmung – eines persönlichen Sinns des Lebens beschäftigt und die Bedingungen untersucht, unter denen eine solche Entwicklung stattfinden kann.

Vielleicht ist der größte Schnitt, den wir seit Freuds Untersuchungen über das Über-Ich gemacht haben, der, daß wir im Gegensatz zu Freud weniger optimistisch sind, was die Macht und das Vermögen des Intellektes betrifft, aus intellektuellen Strukturen Wertsysteme zu entwickeln, die für Freud nichts anderes als einen Ersatz für Religion bedeuteten. Wir wissen heute, daß Intelligenz und Wissenschaft, ja daß der rationale Gesichtspunkt überhaupt ohne Ethik und Ästhetik nicht ausreichend ist, und daß aber auch die Ethik und Ästhetik ohne diesen rationalen Gesichtspunkt keine gesicherten Fundamente haben. Alle drei Aspekte – der des Rationalen, des Ethischen und des Ästhetischen – müssen sich daher gegenseitig unterstützen. So wenig es uns gelingt, ein fundamentales ethisches Wertsystem aus bloß rationalen oder wissenschaftlichen Begriffen abzuleiten, so wenig können wir unsere Intelligenz und unsere Persönlichkeit als solche gänzlich aus dem Schatten unbewußter Bedingungen – die wir also zu respektieren haben – befreien . Die Annahme und Akzeptanz von transzendentalen Wertsystemen bietet daher vor diesem Hintergrund die wichtigste Voraussetzung und größte Sicherheit dafür, daß ein sinnvolles und glückliches Leben gelingen kann.

Jörg Splett

Spiel-Sinn

Sich mitspielen lassen.

Mißlich, mit jemandem „Mensch ärgere dich nicht" spielen zu sollen, den jeder Hinauswurf eines Püppchens tief verletzt, weil er ihn als persönlichen Affront erfährt, und der den ganzen Abend weiter daran leidet, nachmittags nicht gewonnen zu haben. Aber kaum weniger mißlich wird das Spiel mit einem, dem Würfel wie Puppen samt deren Schicksal völlig gleich sind, der zwar „aus Nettigkeit" mittut, aber doch nicht wirklich bei der Sache ist, sondern dauernd bei etwas anderem. Beides verdirbt das Spiel: Wenn man es – in Vermischung mit der Wirklichkeit – zu ernst nimmt wie wenn man nur spielerisch mit ihm umgeht, als einer Spielerei.

Ein Spiel ist keine Spielerei

Dabei steht durchaus der Erwachsene im Blick unserer Besinnung, nicht das Kind, dessen Spielen man seine Arbeit genannt hat. Daß es den Kindern (jedenfalls soweit noch nicht vom „Verlust der Kindheit" betroffen) mit dem Spielen ernst ist, weiß man. Und man ist darum versucht, sie und das „Spielalter" als solches nicht genügend ernst zu nehmen. Im übrigen verwechselt das gesunde Kind bei allem Ernst mitnichten Spiel und Wirklichkeit. Der Stuhl als Auto oder Eisenbahn *ist* zwar tatsächlich hier und jetzt ein Fahrzeug; zugleich aber ist er natürlich nach wie vor – auch für das Kind – „an sich" ein Stuhl.

Und dies bestimmt das Spiel grundsätzlich. Über das eigentümliche „ist" von Spielzeug, Spielregel und -ablauf also gilt es Klarheit zu gewinnen, wenn wir den eigenen Sinn-Ernst des Spiels verstehen wollen. Denn Sinn hat mit dem „ist" zu tun – im Gegensatz zu der letztlich „unerträglichen Leichtigkeit" erträumter Möglichkeiten und eines phantasierten „Als-ob".

In einem ersten Schritt zeigt sich diese unerläßliche Dichte und „Schwere" von Welt, ohne deren Widerstand das Ich sich selbst verlöre, daran, daß die Spieler im Spiel die Regeln respektieren müssen, welche das gewählte Spiel definieren.

Mit diesem schlichten allgemeinen Satz wird freilich eine erstaunliche Variationsbreite angesprochen. *Objektiv*, auf seiten der Regeln, spannt sich der Bogen von minutiösen Reglements auch kleinster Eventualitäten, mit Berufungsmöglichkeit an (Ober-)Schiedsgerichte, bis zu derart offenen Konzepten, daß im Spielverlauf sogar die Regeln selbst sich überraschend wandeln, sei's aufgrund gezielter Aktionen von Spielern, sei es durch entsprechende Zufallsvorgaben (per Würfel oder Karten). Doch muß selbst dieser Wandel im Rahmen des einen und selben Spiels vor sich gehen, wenn anders er es nicht abbrechen und durch ein anderes Spiel ablösen soll. – Ähnliches gilt für die *subjektive* Seite, die Beachtung der Regeln. Sie reicht von peinlicher Korrektheit bis zum kalkuliert unfairen Regelverstoß – solange die Beteiligten nur auch die (Regel-)Strafe auf sich nehmen, statt das Spiel als solches aufzukündigen.

Doch reicht der Ernst des Spiels weiter als diese innere Akzeptanz. Eigentlich drückt sie ja nichts anderes aus als die Geltung des Nicht-Widerspruchs-Satzes: Will jemand wirklich Skat spielen (und nicht – wie bei LORIOT – mit einem Skatspiel ein Kartenhaus bauen), dann muß er eben Skat nach dessen festgelegten Regeln spielen. Wie jedoch steht es mit der Akzeptation selber, also mit jemandes Entschluß, sich auf ein/das Spiel einzulassen?

Ich möchte das an einem literaturwissenschaftlichen Beispiel erläutern; ist doch nicht bloß das Theater, sondern auch Lesen ein Spiel, ob bei Gedichten, Erzählungen oder einem Roman. (Und auch hier fehlt es nicht an Stimmen, die solcher Beschäftigung den gebotenen „Lebensernst" bestreiten, ausgenommen vielleicht deren therapeutischer Nutzen, heute besonders bzgl. der Märchen.) Mein Beispiel ist COLERIDGES „willing suspense of disbelief". Die willentliche Aussetzung des Unglaubens während des Lesens mache den „poetischen Glauben" aus.

TOLKIEN hat wohl recht, wenn er darin eher die Attitüde eines Menschen sieht, der nicht wirklich mitspielt. „Wenn wir aus Gefälligkeit oder durch andere Umstände genötigt sind, dazubleiben, muß der Unglaube ausgesetzt (oder unterdrückt) werden, sonst würde das weitere Zuhören oder Zuschauen unerträglich." – Wer sich wirklich auf ein Märchen, ein Theaterstück, eine Patience oder ein Gesellschaftsspiel einläßt, der setzt nicht seinen Unglauben aus, d. h. sein

Wissen, daß die Geschichte keine Historie ist, die Patience weder ein Lebensmittel noch ein Lebensorakel; sondern er betritt eine Zweit-Welt – gläubig –, deren „Bräuche“ anerkennend.

Spiel ist der Aufbau einer Welt

Ja mehr, und dies ist entscheidend, er tritt nicht bloß und erst nachträglich in diese Welt als fertige ein, sondern er errichtet sie mit. Spielen besagt den einsamen oder gemeinsamen Aufbau einer Spiel-Gestalt. Und diese Gestalt ist zwar, von außen betrachtet, ein Raum- und Zeitstück innerhalb unserer alltäglichen Welt, ausgespartes Reservat minderen Ernstes. Angemessener Wahrnehmung aber zeigt sie sich als eine eigene Welt. Sie liegt dann nicht mehr innerhalb, neben oder sozusagen (als „Hinterwelt“) hinter der üblichen, sondern geht aus deren Verwandlung hervor, wie noch zu erwägen sein wird. (Und um etwas zu verwandeln, muß man es nicht einmal verändern: dem Stuhl „passiert“ nichts, wenn er Omnibus wird. – Obwohl sich anderseits auch etwas ändert; es geht nicht bloß um innerliche Deutung ohne jeglichen Außen-Aspekt.)

Eine Welt für sich. Darin liegt der Grund, warum das Spiel zweckfrei (bei allem möglichen Nutzen für den Menschen), überfunktional und selbstgesetzlich sinnvoll ist. Denn ein Wozu gibt es stets nur innerhalb des „Horizonts“ einer Welt, nicht für diesen selbst. Jeder Spieler ist so ein Schöpfer und sei's auch nur nachschaffend – wie der Betrachter eines Gemäldes zwar weniger schöpferisch ist als der Künstler, doch ohne eigene Bild-kraft das Kunstwerk gar nicht als solches und in seiner Botschaft fassen könnte. Ist aber Spiel ein Schöpfungsakt und der spielende Mensch ein *Homo creator*, dann zeigt sich das Spiel in besonderer Weise als Erscheinung – Selbstoffenbarung von Freiheit. Darauf macht uns schon die Sprache aufmerksam: Ein Maschinenteil, das „Spiel hat“, klemmt nicht, sitzt nicht fest, sondern kann sich „hin und her“ bewegen. (Und im „Hin und her“ vermutet man eine Grundbedeutung des Wortes „Spiel“; der „Spielmann“ war ursprünglich Schautänzer, Gaukler.) Mit dem Freiheitsbegriff nun sind wir in den Kernbereich des Spiel-Sinns gelangt. SCHILLERS Wort über die Ganzheit des spielenden Menschen erschließt sich in seinem prägnanten Sinn. Ganz wird der Mensch, wenn er spielt, weil er ganz hingegeben und gesammelt bei der Sache ist, solange er in Wahrheit spielt, statt daß er abgelenkt, „zer-streut", also geteilten Bewußtseins wäre.

Und in diesem Gesammelt-, ja „Gefesseltsein" ist er ganz Mensch, weil er sich nicht nur frei hat fesseln lassen, sondern auch – obzwar es paradox klingt – frei gefesselt bleibt. Er kann den Zauber abwerfen, solange er dem Spiel nicht in Vermischung der Wirklichkeitsdimensionen „verfällt". Dies ist die Wahrheit von COLERIDGES „willing suspense ...". Ganz Mensch also ist der Mensch im Spiel, weil er sich darin als Freiheitswesen „realisiert" (d. h. erfährt wie verwirklicht) und sich als solches bezeugt. Das aber definiert ihn als Menschen. (Faßt ihn die Tradition eher als Sprach- oder Vernunftwesen, so schließt das seine Freiheit ein; hier wird der Zugang aus der Gegenrichtung gewählt, in der Vernunft und Sprache als Freiheitsmomente erscheinen.)

SCHILLERS Wort meint selbstverständlich das Gegenteil von Spielerei und Verspieltheit (in allen Formen, von der unbedachten Kinderei bis zu sehr wohl berechnenden Spielchen als „playboy" und „playmate"). Doch ebensowenig darf man es in einem falschen Ernst gewichten. Spiel wie Menschsein verlören dann ihre Identität.

Ganz ist der Mensch und ganz Mensch ist er nämlich nicht bloß oder erstlich im Spiel; er kann und soll es immer wieder auch in Arbeit, Liebe, Kampf, in Schuldbekenntnis, Umkehr, in Gebet und Tod sein. Das Spiel ist nicht die, sondern eine Hochgestalt des Humanen. Gleichwohl hat es eine Sonderstellung inne. Alle anderen Grundvollzüge und Situationen vermag der Mensch nämlich nochmals zu „spielen", und zwar nicht bloß im Sinne eines spielerischen Unernstes oder gar betrügerischer Vor- bzw. Verstellung, sondern ernstlich: in gesellschaftlicher, staatlicher und religiöser Feier beispielsweise.

Und nun mag in der Freiheit solcher „Präsentation", in ihrem Entnommensein aus dem Folgezusammenhang des alltäglich gelebten Lebens, das Wesen dieser Vollzüge in einer Klarheit und Unverstelltheit aufleuchten wie selten im zu leistenden Lebensgang selbst. – Der Liebesakt im Pas de deux, der Tod im Drama und der Kampf im Epos sind Spiel, nicht „blutiger" Ernst. Und alles verdirbt hier, wenn man „Schein" und „Wirklichkeit" vermischt, gar verwechselt. Es hat in der jüngsten Vergangenheit nicht an solchen, zum Teil gutgemeinten, Fehlversuchen gemangelt. Da sie zur Moralisierung der Kunst bzw. zur Ästhetisierung von Moral und Politik führen müssen, zerstören sie im Ergebnis ein verantwortliches Menschsein.

Andererseits jedoch den Schein als Schein zu wissen sagt gerade nicht, daß er eine Täuschung bedeute. Er ist dann nicht An-, sondern Aufschein. Erscheinen von etwas in seiner Wahrheit bzw. der Wahrheit von etwas. Mit einem Wort: die Spiel-Welt ist symbolische Welt.

Symbol indes, im vollen „real-symbolischen" Sinn, ist immer mehr als „nur ein Symbol". Es meint nicht Ersatz und Vertretung, bloßen Verweis – wie ein Zeichen – und auch nicht bloß eine Umdeutung der „Daten", sondern das wirk-liche Da-Sein von etwas oder jemand. – Ein Dasein freilich besonderer Art: Etwas ist, hat KARL RAHNER gesagt, „in anderem da"; Unsichtbares in Sichtbarem, Gedachtes im hörbaren Wort, Gemeintes in dem, was einer sagt oder tut. Es geht also um Mehr-Dimensionalität – und darum, sie in schöpferischem Sehen zu gewahren.

Vielleicht wird all das am unmittelbarsten durch einen Vers klar. Bei GUISEPPE UNGARETTI heißt es: „Zwischen einer gepflückten Blume und der anderen geschenkten / das unaussprechbare Nichts." Er meint dasselbe Nichts, das zwischen Stuhl und „Auto" besteht, oder zwischen Holztafel und Schachbrett, Klötzchen und Springer; zwischen „Körper" und „Leib" (Augapfel [Bulbus oculi] und „Auge sonnenhaft"), Schall und Wort, Schleimhautkontakt und Kuß.

Im Spiel steht demnach etwas für ein anderes; genauer: hier setzt bzw. nimmt der Mensch in seiner Freiheit etwas für ein anderes, z. B. die Dinge des Alltags, sich selbst und sein Gegenüber, umgreifend zuletzt sogar die gemeinsame Welt. – Das andere in seiner Andersheit aber befremdet die Selbstverständlichkeit des Selbst und bringt sie in Gefahr. Darum ist Spiel stets ein Wagnis. Es ist ein Risiko, etwas – erst recht sich selbst – aufs Spiel zu setzen. Erneut zeigt sich der Ernst des Spiels – und so ein Grund dafür, warum so viele nie, und wohl ein jeder wenigstens zu Zeiten nicht, recht spielen können.[1] Entweder verbohren wir uns, verkrampft und süchtig, in einen falschen Ernst oder bringen es – verspielt – nicht fertig, uns ernstlich auf ein Spiel und seine Abenteuer einzulassen. In beidem mangelt es an Freiheit, freizugeben, loszulassen, im ersten Falle: etwas oder jemanden, im zweiten Fall: uns selbst.

[1] Mt 11,17: „Wir haben die Flöte geblasen, und ihr wolltet nicht tanzen ..."

Person im Gottes-Spiel

Wenn aber nun im Spiel ein jegliches für anderes steht, wofür steht dann der Mensch selbst? Im Spiel ganz Mensch geworden, soll er doch nicht einfach und allein sich selber spielen. Der Mensch ist *Person.*

Das Wort „Persona" (Maske, Larve) kommt zwar wohl kaum von „personare"; aber die ursprüngliche Bedeutung „Rolle, Figur, Charakter" (literarisch wie im Leben) weist doch auf den Seins-Sinn von Personalität. Person in ihrem unverlierbaren Selbstand – und gerade darin – lebt gleich-ursprünglich *in* und *als* Bezug: das Ich erfährt sich als Du eines Du. (Man kann darum nicht Selbstsein gegen Beziehung [Substanz gegen Relation] ausspielen. Eins bedingt das andere.) Und in solcher Spannungseinheit – eines Du, das *sich* gemeint weiß (Ich!), wie eines Ich, das *Du* sagt – ereignet sich im Zusammenspiel der Personen das Dasein dessen, der sie aus dem Nichts in dieses Spiel gebracht hat.

So bildet den Kern von Ernst und Sinn des Spiels dessen religiöse Bedeutung. In den *Gesetzen* PLATONS lesen wir – bei der Behandlung religiöser Fest- und Weihespiele: „In Tat und Wahrheit aber ist es Gott, der allen seligen Ernstes wert ist; der Mensch hingegen ist ... nur ein Spielzeug in Gottes Hand, und das eben ist in Wahrheit gerade das Beste an ihm." Vielleicht möchte man Einspruch dagegen erheben; doch sieht sich nicht auch THÉRÈSE MARTIN (vom Kinde Jesu) als dessen Kreisel und Ball?

Für den Schöpfungsglauben ist die Welt(geschichte) nicht der mühevolle Werkprozeß eines sich selbst herstellenden Absoluten, so daß Arbeit das letzte Wort über die Wirklichkeit wäre. Ebensowenig entstammt sie dem Drängen und Sehnen von Einsamkeits-Leid, als wären Begehr nach dem Not-wendenden bzw. das Schicksal von Bedürfnis und Bedürftigkeit die Grundwahrheit von Sein und Leben. Alles ist vielmehr ungenötigte Gabe göttlicher Freiheit als „freier Freigebigkeit" (DUNS SCOTUS).

Darum zeigt sich dem gläubigen Blick die Welt als Spiegel der göttlichen Liebe im kosmischen Reigen. – HUGO RAHNER hat die Vätertexte hierzu in seinem schon klassischen Essay *Der spielende Mensch* zusammengetragen. (Und wie wenig unernst dies die Kirchenväter meinen, zeigt ihr Einbezug des Kreuzesgeschehens.) Der Mensch antwortet dem im Spiel seiner Liturgie (ich erinnere dazu an

GUARDINI), durch zahllose Spielarten von Religion in Geschichte und Gegenwart und zuhöchst im Ja und Amen zu Gott durch Jesus Christus (2 Kor 1,20).

Höchstform ist dies bei Christus nicht bloß als Liturgie, nämlich als Gottesdienst vertauschter Rollen, insofern es Gottes Sohn ist, der hier dient. Sie ist dies gerade auch nochmals als Spiel, will sagen: als Symbol-Geschehen. Wurde nämlich schon in einem ersten Schritt der Befreiung die lebensnotwendige Nahrungsaufnahme zum Spiel des gemeinsamen Mahles gestaltet, dies Essen sodann im Opfermahl zur Gemeinschaft der Menschen vor und mit ihrer Gottheit, so wird jetzt dieser Vollzug noch einmal Symbol in dem bedachten erst-realen Sinn.[2] Das Mahl wird zum Da-Sein Christi unter den Zweien und Dreien in seinem Namen (Mt 18,20), ja im Brot, das die Augen des Glaubens als seinen wahren Leib erkennen, und im Wein, der sein verschenktes Leben ist.

Sich aus den konkreten Nöten und Befürchtungen des Alltags auf dieses Spiel (hin) zu verlassen, bestätigt und nährt die Freiheit des Menschen und derart sein Menschsein. (Darum ist der Kampf um den Sonntag weder eine Nebensache noch unernst.)

Und in solchem Hin und Her des Austauschs zwischen Menschen und Gott ist schließlich noch ein Äußerstes – oder besser Innerstes – da: das Spiel des innergöttlichen Lebens. Das Letzte, weil abgründig Ur-sprünglichste zu unserem Thema (es nur zu nennen, muß hier genügen) ist das „Drei-Spiel" von Vater, Sohn und Geist, die bei uns Wohnung nehmen (Joh 14,23.26). Und dies aus einer Göttlichkeit heraus, in der sie ewig bei- und ineinander wohnen, in dem Austausch einer wechselweisen Selbsthingabe, welche herrlich unbegreiflich zwischen ihnen selbst spielt; die *sie* spielen; die sie *sind.* Als welche Gott ist.

---

[2] Mag ein Stuhl nicht „wirklich" ein Omnibus sein – für uns; doch woraufhin muß man „wirklich" und „Wirklichkeit" reduzieren, will man behaupten, ein Musikstück etwa sei in Wirklichkeit nur rhythmisierte Luftbewegung – oder auch prosaischer: ein Hundertmarkschein nicht wirklich 100 DM, sondern „eigentlich" ein Stück gefärbten Papiers (mit Zustimmung von Maus und Silberfisch).

Eberhard Jüngel

Glauben und Hoffen in einer sinnlosen Zeit

Theologische Meditation in einer sich selbst überholenden Neuzeit

Wir fragen nach der Bedeutung, die dem christlichen Glauben und der christlichen Hoffnung in unserer Zeit, in einer gern als Postmoderne gekennzeichneten Etappe der Neuzeit, zukommt. In einem ersten Teil (A) der folgenden Ausführungen will ich versuchen, das Wesen der Neuzeit als einer sich selbst überholenden und eben dadurch sinnlos werdenden Zeit zu charakterisieren. In einem zweiten Teil (B) soll dann auf die Zweideutigkeit der Ausdrücke *Glaube* und *Hoffnung* eingegangen werden, um schließlich in einem dritten Teil (C) die Bedeutung des christlichen Verständnisses des Glaubens und der Hoffnung für den neuzeitlichen Menschen und für sein weltliches Handeln zur Geltung zu bringen.

A

Als „dernier cri", als letzter Schrei der Neuzeit war die Postmoderne angesagt. Doch „kaum entfaltet / ist ihre holde Blüte schon veraltet". Während die Moderne immerhin ein paar Jahrhunderte währte, war die sie ablösende Postmoderne schon nach wenigen Jahrzehnten nicht mehr, was sie sein wollte oder vielmehr zu sein schien. Was sie sein wollte, wußte sie ja selber nicht eindeutig zu sagen. Und jeder Versuch, die Postmoderne auf einen halbwegs eindeutigen Begriff zu bringen, mutet einigermaßen paradox an. War doch die Postmoderne ein gezielter Affront gegen jeden Anspruch auf Eindeutigkeit und insofern selber alles andere als eindeutig. Sie verschaffte sich Geltung als Vielzahl von Antithesen gegen die eingeschliffenen Selbstverständlichkeiten der Moderne und setzte gegen deren vornehme Eintönigkeit die Lust, die Buntheit des Lebens zu entdecken und über solche Entdeckungen zu staunen. Der postmoderne Mensch war einer, der auszog, aufs neue das Staunen zu lernen, das ihm die aufgeklärte Moderne so gründlich ausgetrieben hatte, um ihn statt dessen das Fürchten zu lehren. Denn der aufgeklärten Moderne war eine ganze Dimension abhanden gekommen, ihr war die Dimension des Geheimnisses abhanden gekommen. Eben deshalb war sie unfähig geworden zu staunen. Die Postmoderne hingegen hat wieder zu staunen gelernt über das, was uns möglich ist.

Der postmoderne *Literat* wollte die für den elitären und exklusiven Modernismus typische Kluft zwischen Professionalismus und Amateurtum überwinden und plädierte für einen staunenerregenden Pluralismus von Sprachen, Modellen und Verfahrensweisen in ein und demselben Werk. Der postmoderne *Architekt* kombinierte die unterschiedlichsten Stile so, daß sie einander kommentieren, sich gegenseitig ironisieren und relativieren und provozierte damit unser Staunen. Und der postmoderne *Denker* erfuhr die atemberaubende Beschleunigung des Wissenserwerbs und die sich jagenden Deutungen des jeweiligen Wissensbestandes als eine staunenerregende Befreiung zur Selbstrelativierung, die sogar die scheinbar obsolet gewordene Moderne nun doch gar nicht so alt aussehen ließ, wie es die Vielzahl von Antithesen zu den Plausibilitäten der Moderne suggerierte. Die Postmoderne gibt jeder Epoche ihr genuines Recht und pflegt ein unmittelbares Verhältnis zu allen Zeiten. Und insofern gehört die Postmoderne durchaus in die Neuzeit, ist sie nur eine der vielen Etappen derjenigen Zeit, die sich selber prononciert als Neuzeit versteht.

Die Neuzeit aber unterscheidet sich von den als Altertum und Mittelalter gekennzeichneten Zeitaltern dadurch, daß sie jene als abgeschlossen, sich selber aber als nicht nur noch nicht abgeschlossene, sondern als prinzipiell nie zu Ende kommende Zeit versteht. Die Neuzeit ist ihrem eigenen Selbstverständnis nach eine sich bis in die jeweilige Gegenwart verlängernde und von dieser aus weiter fortschreitende Zeit. Als solche ist sie allerdings ständig im Begriff, sich selbst zu überholen, so daß sie sich nicht nur vom Altertum und vom Mittelalter unterschieden weiß, sondern sich auch von sich selber unentwegt verabschiedet. Jede Etappe der Neuzeit stößt sich von der vorangehenden ab und hält diese dennoch als zur Neuzeit gehörend fest. Nie in der Weltgeschichte veraltete die Zeit so schnell und so gründlich wie in der Neuzeit. Zwar kannte auch die in der Nachbarschaft des Neuen Testamentes historisch zu verortende Apokalyptik die Erfahrung einer rapiden Beschleunigung der Zeit: tempora festinaverunt. Nach 4Esra 14,10 hat „die Welt ihre Jugend verloren" und „die Zeiten nähern sich dem Alter" (vgl. 4Esra 4,26). Und in der syrischen Baruch-Apokalypse heißt es (20,1.6): „Siehe, Tage kommen, da werden die Zeiten rascher eilen als die früheren und die Jahreszeiten rascher laufen als die, die vergangen sind, und die Jahre schneller vergehen als die bestehenden. Sie kommen jetzt und verziehen nicht [länger]".

Aber das apokalyptische Zeitverständnis war bestimmt von der Erwartung eines *kommenden Endes* der Welt, dem die deshalb ebenfalls zu Ende gehende Zeit mit immer mehr Tempo entgegeneilt. Die Neuzeit hingegen akzeleriert, weil sie immer schneller Neues hervorbringt: sie gewinnt immer schneller immer neues Wissen, das seinerseits eine die Welt *gestaltende* und insofern eine die Weltzeit - bzw. eine die Weltzeiterfahrungen - bestimmende *Macht* ist. Die Neuzeit wird als Zeit fortgesetzter Innovationen erfahren.[1] Ja, die „neue Zeit" beginnt - so Robert Musil - „in jedem Augenblick" und braucht einen jeweils „neuen Stil".[2] So kommt es zu einem ständig wechselnden „Lebensstil", der nicht nur das individuelle Leben, sondern das Leben der Menschheit bestimmt.

Gibt es in diesem Wechsel der Lebensstile etwas Gemeinsames, dann ist es eine sich potenzierende Dialektik scheinbar gegensätzlicher Größen - wie z. B. die Dialektik von Naturbeherrschung und Naturentfremdung, von Freiheit und Knechtschaft, von Weltentwurf und Sinnverlust.

So hat Martin Heidegger darauf hingewiesen, daß der neuzeitliche Mensch, je mehr er die Welt technisch zu beherrschen trachtet, desto mehr vom „rasenden" Fortschritt der Technik selber beherrscht wird, so daß „eine freie Beziehung zu ihr" unmöglich zu werden droht.[3] Und schon Friedrich Wilhelm Josef Schelling hatte in seinen Berliner Vorlesungen über die *Philosophie der Offenbarung* als den für die Neuzeit wesentlichen Vorgang die *Loslösung des Menschen von der Natur* identifiziert, die der Mensch vollziehen muß, wenn er selber zum „Anfänger und Urheber ... einer zweiten Welt", der von ihm selber entworfenen Welt, werden will. Und als Anfänger und Urheber

---

[1] Vgl. J. Mehlhausen, Artikel *Neuzeit I*, TRE XXIV, 392–401, S. 393 f.

[2] R. Musil, Der Mann ohne Eigenschaften, Hamburg 1978, S. 20.

[3] Vgl. M. Heidegger, *Die Frage nach der Technik*. Vorträge und Aufsätze, Pfullingen 1954, S. 13–44 (= GA, Bd. 7, 5–36).

dieser zweiten Welt ist der Mensch der Anfänger und Urheber „eines neuen Processes“ in welchem er sich dazu bestimmt, über die von ihm nicht geschaffene Natur „hinauszuschreiten“ und nun selber „eine neue Reihe von Ereignissen ... anzufangen“.[4] Der ursprünglich Anfangende ist nun nicht mehr Gott, sondern der Macher/Mensch. Doch in der von ihm selbst entworfenen und gemachten zweiten Welt vermag der Mensch keinen Zweck mehr zu erkennen. Galt für die Natur seit Aristoteles, daß sie – ebenso wie der Gott – nichts umsonst, nicht zwecklos tut[5], so vermag der sich seiner *Freiheit* zum *Weltentwurf* bedienende, die Geschichte des Seins selber *machende* Mensch keinen Zweck und also auch keinen Sinn in dieser von ihm hervorgebrachten zweiten Welt zu erkennen. Sie ist sinnlos[6] oder – wie Schelling auch formulieren kann – trostlos: „Denn, wenn ich die Thaten und Wirkungen dieser Freiheit im Großen betrachte ..., diese Welt der [selbst gemachten] *Geschichte* bietet ein so trostloses Schauspiel dar, daß ich an einem Zwecke ... vollends verzweifle ...; alles, was geschieht, geschieht nur, damit wieder etwas anderes geschehen könne, das selbst wieder gegen ein anderes zur Vergangenheit wird, im Grunde also geschieht alles umsonst ... Weit entfernt also, daß der Mensch und sein Thun die Welt begreiflich mache, ist er selbst das Unbegreiflichste, und treibt mich unausbleiblich zu der Meinung von der Unseligkeit alles Seyns ... Gerade Er, der Mensch, treibt mich zur letzten verzweiflungsvollen Frage: warum ist überhaupt etwas? warum ist nicht nichts?“[7]

Warum ist überhaupt etwas, warum ist nicht nichts? – Wird diese Frage *theologisch* gehört, dann verweist sie uns auf den Glauben und auf die Hoffnung als jene Akte menschlichen Daseins, die die Existenz eines Christenmenschen grundlegend bestimmen und in deren Vollzug sich die Antwort einstellt, die zu sagen vermag, warum überhaupt Seiendes ist und nicht vielmehr nichts.

---

[4] F.W.J. von Schelling, Philosophie der Offenbarung, 1959, Nachdruck der Ausgabe 1858 (= Werke, Münchner Jubiläumsdruck, 6. Erg.-Bd. 1858), S. 6.

[5] Vgl. Aristoteles, De caelo A 4. 271 a 33: ὁ δὲ θεὸς καὶ ἡ φύσις οὐδὲν μάτην ποιοῦσιν (vgl. B 11.291 b 13 f., u.ö.).

[6] Schelling redet von einem „end-, d. h. zweck- und sinnlosen Fortschritt“, den es allerdings zu bestreiten gilt (F.W.J. von Schelling, Philosophie der Offenbarung, 1959, S. 10).

[7] AaO., S. 6 f.

B

Nun aber bleiben Glaube, Liebe, Hoffnung – diese drei, schreibt der Apostel (1Kor 13,13), um die Liebe als die größte unter diesen drei Größen herauszustellen. Doch die apostolische Liebeserklärung für die Liebe hat nicht die Funktion, den Glauben und die Hoffnung zu problematisieren oder herabzusetzen. Glaube und Hoffnung bilden vielmehr zusammen mit der Liebe die Grundakte der christlichen Existenz und sind deshalb im Mittelalter als die drei theologischen Tugenden gewürdigt worden, die die vier weltlichen Kardinaltugenden (temperantia, virtus, prudentia, iustitia: Besonnenheit, Tapferkeit, Klugheit, Gerechtigkeit) überbieten.

Indessen, daß Glaube und Hoffnung eindeutig positiv besetzte Begriffe sind, ist alles andere als selbstverständlich. Im vorbiblischen Griechisch war *Glauben* semantisch in der Nachbarschaft von *Meinen* angesiedelt und dem *Wissen* entgegengesetzt – ein erkenntnistheoretischer Sprachgebrauch, der noch in Kants *Kritik der reinen Vernunft*[8] nachwirkt. Glauben ist hier zwar mehr als bloßes Meinen, aber entschieden weniger als Wissen, nämlich ein Fürwahrhalten, das zwar subjektiv zureichend, objektiv aber unzureichend ist. Der Glaubende ist nach Kant zwar subjektiv überzeugt, hat aber keine objektive Gewißheit.[9] Und als „Probirstein", als Kriterium dafür, ob wenigstens die subjektive Überzeugung echt, also ein „festes Glauben" sei, empfiehlt Kant *die Wette*. Wenn wir gar auf irgend etwas „das Glück des ganzen Lebens verwetten" sollen, dann werden wir „überaus schüchtern und entdecken so allererst, daß unser Glaube so weit nicht zulange".[10] Die Wette soll hier, wie Kant selber formuliert, den Glaubenden „stutzig" machen.[11] Gott – wetten daß? Kant weist daraufhin, daß man bei dieser

---

[8] Vgl. I. Kant, Kritik der reinen Vernunft, Akademie-Textausgabe III, 1911, B 848 ff.

[9] AaO., B 850: „*Meinen* ist ein mit Bewußtsein *sowohl* subjectiv, *als* objectiv unzureichendes Fürwahrhalten. Ist das letztere nur subjectiv zureichend und wird zugleich für objectiv unzureichend gehalten, so heißt es *Glauben*. Endlich heißt das sowohl subjectiv als objectiv zureichende Fürwahrhalten das *Wissen*. Die subjective Zulänglichkeit heißt *Überzeugung* (für mich selbst), die objective *Gewißheit* (für jedermann)."

[10] AaO., B 852 f.

[11] AaO., B 852: „Eine Wette macht ihn stutzig". Ganz anders orientiert ist der Rekurs auf die Wette in B. Pascals berühmten Fragment 233. Geht doch Pascal davon aus, daß der Einsatz (das eigene endliche Leben) vom Gewinn (das ewige Leben) so sehr überboten wird, daß die Wette geradezu zwingend wird. Vgl. L. Goldmann, Der verborgene Gott. Studie fürdie tragische Weltanschauung in den Pensées Pascals und im Theater Racines, Neuwied 1973, 433–452.

Wette verlieren kann. Ja, man kann, wenn man „das Glück des ganzen Lebens" verwettet, sogar sich selbst verlieren.

Die Bibel redet anders vom Glauben. Nach biblischem Sprachgebrauch bedeutet der Glaube allemal Lebensgewinn, genauerhin Gewinn ewigen Lebens. Wir werden zu klären haben, was das heißt, halten jetzt nur fest, daß nach Jes 7,9 diejenigen, die nicht glauben, keinen Bestand haben. Doch der – an Jesus Christus – Glaubende gewinnt nach Joh 3,36 ewiges Leben. Ja, der Glaube soll nach 1Joh 5,4 sogar der Sieg über die Welt sein, in der der Mensch Angst haben muß (vgl. Joh 16,33). Von daher wird verständlich, daß Martin Luther behaupten konnte, der Glaube sei „ain almechtig ding wie gott selber ist".[12] Nicht in der Haltung eines Wettenden, der sich auf ein Wettrisiko einläßt, bzw. durch das Wettrisiko von der Wette abschrecken läßt, existiert der im biblischen Sinne Glaubende. Für ihn ist vielmehr die Einstellung eines Menschen kennzeichnend, der sich seiner Sache, obwohl er sie nicht vorzeigen kann, dennoch *gewiß* ist und der eben deshalb *voller Zuversicht* existiert (vgl. Hebr 11,1).

Glauben als bloß subjektives Fürwahrhalten auf der einen Seite, Glauben als eine sich seiner Sache gewisse Einstellung, ja als „ein allmächtig Ding, wie Gott selber ist" auf der anderen Seite – wie kommt es zu dieser tiefgreifenden Differenz im Sprachgebrauch? Bevor wir diese Frage zu beantworten versuchen, soll eine ähnliche Differenz im Blick auf die *Hoffnung* vor Augen gestellt werden.

Im vorchristlichen griechischen Sprachgebrauch ist *Hoffnung* keineswegs ein durchweg positiv besetztes Wort. Die Hoffnung ist vielmehr eine ausgesprochen ambivalente Größe. Sie kann als eine positive, sie kann aber auch als eine negative Einstellung zur Zukunft verstanden werden. Als Beispiel sei an die Fabel von der Büchse der Pandora erinnert.

Die Überlieferung der Fabel schwankt – nicht zufällig. Nach Babrios hat Zeus den Menschen ein mit allen Gütern gefülltes Faß geschenkt, das allerdings verschlossen bleiben sollte. Als die menschliche Neugierde es dennoch öffnete, entflohen aus ihm alle Güter zurück zu den Göttern, und nur die Hoffnung blieb, nachdem das Faß entsetzt wieder zugeschlagen wurde, zurück. Die zurückgebliebene Hoffnung, hier also selber ein *Gut*, tröstet seitdem die Menschen über den unwiderruflichen Verlust des Guten.

---

[12] M. Luther, Sermon von der Gewalt Sanct Peters (1522), WA 10/3, S. 208–216, 214, 216.

Ganz anders scheint Hesiod von der Hoffnung zu denken. Die Fabel von der Büchse der Pandora ist nach der Überlieferung Hesiods jedenfalls sehr viel skeptischer. In der von ihm überlieferten Gestalt der Fabel soll das Faß mit lauter Übeln und Leiden gefüllt gewesen sein. Beim Öffnen des Fasses fliegen alle Übel heraus. Aber nun kehren sie nicht wie in der anderen Variante zu den Göttern zurück, sondern jetzt fliegen sie heraus und umkreisen und beherrschen die Erde. Nur die Hoffnung bleibt drinnen, als der Deckel zurückfällt. Hoffnung erscheint nun also selber als *Übel*, als letztes Übel, das noch unter Verschluß ist.

Und man weiß nicht recht, ob sie dem Menschen vorenthalten werden soll oder ob sie den Menschen über das Ausmaß der über ihn gekommenen Übel hinwegtäuschen soll, also selber ein *verborgenes Übel* ist.

Die schwankende Überlieferung der Fabel läßt die Hoffnung als zwielichtig erscheinen. Die Hoffnung ist da, aber über ihrer Herkunft von den Göttern liegt ein Schleier, der es offen läßt, ob sie eine gute oder eine böse Gabe ist. Sie bestimmt den Menschen, aber ihre Intention ist ambivalent. Sie läßt ihn hoffen, aber sie sagt nicht worauf. Sie geht ins Unbestimmte und Leere und ist gerade in ihrer Vagheit das Letzte, was dem Menschen geblieben ist. *Ohne* Hoffnung, so scheint es, kann er nicht leben. *Worauf* er indessen hoffen darf, kann er nicht sagen. Die Hoffnung kann den Menschen schöpferisch über die Gegenwart hinausführen. Sie kann aber auch – mit Schleiermacher zu reden – „die Gegenwart verderben".[13] Sie hat das Antlitz einer Sphinx.

Sie ist, wie es in der Antigone des Sophokles (615ff.) heißt, eine „schweifende Hoffnung", die erst durch die Hinzufügung von präzisierenden Kennzeichnungen als „gute" oder „schlechte" Erwartung des Kommenden eindeutig wird. In einem ähnlich vagen Sinne gehört die Hoffnung zur Existenz des neuzeitlichen Menschen. Ohne Angst und ohne Hoffnung zu sein, ist gleichermaßen unmenschlich[14]. In Angst und Hoffnung meldet der Mensch sein Recht auf Zukunft an. Insofern ist Hoffnung in gleichem Maße wie die Angst, wenn auch in anderer Weise, eine die menschliche Existenz fundamental bestimmende Struktur. Der Mensch kann gar nicht anders, er muß sich hoffend auf Zukunft hin entwerfen. „Die Hoffnung führt ihn ins

[13] F.D.E. Schleiermacher, Der christliche Glaube, § 158.3, Bd. II, 2. Aufl. (1831), neu hrsg. von M. Redeker, Berlin ^{7}1960, S. 416.

[14] Vgl. W. Jens, Beitrag in: Angst und Hoffnung in unserer Zeit, Darmstädter Gespräch 1963, hg. von K. Schlechta, Darmstadt 1965, 157–165, S. 165.

Leben ein, / Sie umflattert den fröhlichen Knaben, / Den Jüngling locket ihr Zauberschein, / Sie wird mit dem Greis nicht begraben, / Denn beschließt er im Grabe den müden Lauf, / Noch am Grabe pflanzt er – die Hoffnung auf."[15]

Doch so verstanden ist Hoffnung nur eine *formale* Struktur menschlicher Existenz. Sie treibt den Menschen über sich hinaus; aber sie sagt nicht, wohin. In die Zukunft, gewiß. Aber in was für eine Zukunft? Darüber schweigt die als formale Struktur menschlicher Existenz verstandene Hoffnung. So wie die Angst – im Unterschied zu der immer auf ein bestimmtes Objekt gerichteten Furcht – wesentlich *Angst vor nichts* ist, so ist die den Menschen ins Leben einführende und von ihm noch am Grabe aufgepflanzte Hoffnung wesentlich leer. Sie ist Hoffnung auf Zukunft, mehr nicht. Als solche ist sie aber nicht von einem *konkreten* Hoffnungsgut, nicht von einer *bestimmten Zukunft* besetzt. Sie ist unbesetzte Hoffnung, spes vagans.

Richtet sich die Hoffnung auf ein *bestimmtes* Etwas, auf ein *konkretes Hoffnungsgut*, dann kann sie entweder *erfüllt* oder aber *enttäuscht* werden. „Hoffen und Harren hält manchen zum Narren". Die Spruchweisheit zeigt an, daß die Hoffnung gerade dann, wenn sie sich als konkrete Hoffnung auf ein bestimmtes Hoffnungsgut hin entwirft, wenn sich also die Reklamation von Zukunft überhaupt zur Reklamation einer *bestimmten* Zukunft existentiell präzisiert, erst recht ins Leere gehen kann. Sie kann enttäuscht werden. Es rächt sich dann sozusagen, daß die Hoffnung mehr sein wollte als Hoffnung auf – nichts. Wer die spes vagans irgendwo festmacht, läuft immer auch Gefahr, daß seine Hoffnung enttäuscht wird. Ist aber Hoffnung erst einmal enttäuscht worden, dann gewinnt das Hoffen zwielichtige Züge. Hoffnung kann dann auch als *Flucht in die Zukunft* erscheinen, mithin als Verfehlung des Anspruches (und des Angebotes) der Gegenwart. Hoffnung kann nun auch als eine leere Vertröstung erscheinen, ja als ein Opiat, mit dessen Hilfe man sich aus der peinlichen Gegenwart (und der Verantwortung für sie) hinwegstiehlt. Nicht zufällig knüpft denn auch die Rede von der Religion als „Opium für's Volk" an den *Hoffnungscharakter* der Religion an.[16]

---

[15] F. Schiller, *Hoffnung*, in: Sämtliche Werke, hg. von G. Fricke und H. G. Göpfert in Verbindung mit H. Stubenrauch, Bd. 1, ^{4}1965, S. 216 f.

[16] So bereits I. Kant, Die Religion innerhalb der Grenzen der bloßen Vernunft, Akademie-Textausgabe VI, 1907, S. 77 f: Daß dem Menschen auf einen *zu erweichenden* Richter im Jenseits „Hoffnung gemacht wird", heißt für Kant, diesem Menschen, statt ihn auf

Je öfter Hoffnung enttäuscht wird, desto mehr gerät das Hoffen in den Verdacht, wirklich nichts anderes sein zu können als Hoffnung auf – nichts. Hoffnung aber, die *enttäuscht* wird, droht das Hoffen überhaupt zu diskreditieren: so sehr, daß die Hoffnung nicht als ein Gut, sondern – wie in der einen Version der Fabel von der Büchse der Pandora – als ein Übel erscheint.

Ganz anders redet das Neue Testament von der Hoffnung. Sie ist hier durchweg ein positiver Zukunftsbezug. Die Rede von einer schweifenden, einer vagierenden Hoffnung ist dem Neuen Testament völlig fremd. Die als Hoffnung gekennzeichnete Zukunftsbeziehung muß auch nicht eigens durch hinzuzufügende Attribute als positive Erwartung gekennzeichnet werden. Hoffnung ist im Neuen Testament immer *gute* Hoffnung. Und gehofft wird nicht auf etwas, das kommen kann oder auch nicht. Die Hoffnung ist sich vielmehr ihres Gegenstandes gewiß. Denn sie richtet sich nicht auf eine noch unentschiedene Zukunft, sondern „auf bereits Verbürgtes".[17]

Dieser eindeutig positive Gebrauch des Wortes *Hoffnung* erklärt sich aus der Abhängigkeit der Hoffnung vom Glauben. Der Christ hofft, weil er glaubt. Und da der Glaube sich seiner Sache *gewiß* ist, kann die vom Glauben getragene Hoffnung ihrerseits nur eine *ein-*

---

sein eigenes unerbittlich strenges Gewissen zu verweisen, „gleichsam Opium fürs Gewissen zu geben" (aaO., S. 78, Anm.). Ähnlich urteilt *L. Feuerbach*: Wer mit Hoffnung auf ewige Freuden oder mit Furcht vor ewiger Hölle Religion propagiert, der gibt dem Menschen „Opium ein, um ihm in dem Zustande, wo die Leidenschaften der Furcht oder Hoffnung seine Vernunft umnebelt haben, sein Ehrenwort abzunehmen" (L. Feuerbach, Pierre Bayle. Ein Beitrag zur Geschichte der Philosophie und Menschheit, G.W., Bd. 4, hg. von W. Schuffenhauer, 1967, S. 354 f.). *K. Marx* vermag allerdings in den Hoffnungen der Religion beides zu sehen: einen „*Ausdruck* des wirklichen Elendes [der Gegenwart] und in einem [damit] die *Protestation* gegen das wirkliche Elend". Insofern ist – wie es in sprachlicher Anlehnung an andere Äußerungen Feuerbachs heißt – die „Religion ... der Seufzer der bedrängten Kreatur, das Gemüt einer herzlosen Welt, wie sie der Geist geistloser Zustände ist. Sie ist das *Opium* des Volks." (K. Marx, Zur Kritik der Hegelschen Rechtsphilosophie, MEGA 1, 1958, S. 378.) Marx ist dementsprechend weniger an der Kritik der Religion als Religion interessiert – die Religionskritik ist für ihn eine durch Feuerbach bereits erledigte Sache – als vielmehr an der Kritik des Elendes, das ein solches Opiat nötig macht: „Die Kritik der Religion ist also im *Keim* die *Kritik des Jammertales*, dessen *Heiligenschein* die Religion ist ... Es ist also die *Aufgabe der Geschichte*, nachdem das *Jenseits der Wahrheit* verschwunden ist, die *Wahrheit des Diesseits* zu etablieren ... Die Kritik des Himmels verwandelt sich damit in die Kritik der Erde" (aaO., S. 379). Zum „nicht halbierten" Verständnis der Opiumstelle bei Marx vgl. E. Bloch, Atheismus im Christentum. Zur Religion des Exodus und des Reichs, GA, Bd. 14, 1968, S. 88–92.

[17] E. Käsemann, *An die Römer*, HNT 8a, ^{4}1980, S. 125.

deutig gewisse Hoffnung sein. Nur weil sie *im Glauben* begründet ist, richtet sich die Hoffnung auf *bereits Verbürgtes*. Calvin hat den Glauben deshalb zutreffend das Fundament der Hoffnung genannt.[18]

Doch woher hat der Glaube seine auch die Hoffnung gewiß machende Gewißheit? Was hat den Wechsel im Sprachgebrauch herbeigeführt, und was nötigt uns auch heute noch, einen markanten Wechsel zu vollziehen, wenn wir uns von dem, was man in dieser Welt aufgrund weltlicher Erfahrungen glauben zu müssen und hoffen zu können meint, umorientieren auf das, was die christliche Gemeinde glaubt und erhofft?

C

Welche Bedeutung kommt dem so, also dem biblisch verstandenen Glauben und der in ihm begründeten Hoffnung in der Neuzeit zu: in der sich ständig überholenden Neuzeit zu, der der Sinn des Daseins abhanden gekommen ist und die eben deshalb wie keine vorangehende Zeit nach Sinn sucht und fragt? Denn die Frage nach dem Sinn stellt sich erst dann, wenn der bisher selbstverständliche Sinn verloren gegangen oder verstellt worden ist.

Die Antwort stellt sich ganz von selbst ein, wenn wir noch einmal und nun genauerhin nach dem Wesen des christlichen Glaubens (1.) und der christlichen Hoffnung (2.) fragen, um schließlich zu erörtern, wie aus der christlichen Hoffnung weltliches Handeln hervorgeht (3.).

1. Achten wir zunächst auf den Glauben. Für ihn ist wesentlich, daß er sich nicht mit sich selbst beschäftigt. „Der Blick des Glaubenden richtet sich nicht in der Reflexion auf sich selbst, sondern auf sein Objekt"[19], auf seinen Gegenstand. Und dieser Gegenstand des Glaubens ist die Wahrheit, genauerhin die Wahrheit des Evangeliums. Zum Glauben kommen heißt zur Erkenntnis der Wahrheit kommen (1Tim 2,4).[20] Das ist entscheidend. Das ist auch in einer immer künstlicher werdenden, vom menschlichen Herstellen durchwalteten und deshalb an Sinnverlust leidenden Welt, das ist auch in unserer sich ständig überholenden Neuzeit entscheidend. Denn der Mensch

---

[18] J. Calvin, Institutio christianae religionis 1559, III, 2, 42, Opera selecta Bd. 4, [3]1968, S. 53: „Fides fundamentum est, cui spes incumbit".

[19] R.Bultmann, Theologie des Neuen Testaments, [5]1965, S. 320.

[20] Vgl. aaO., S. 71.

lebt nicht von dem, was er selber herstellt – so sehr er der selbst gemachten Produkte bedarf. Der Mensch lebt nicht, von dem, was er macht und tut. Er lebt aber auch nicht von dem Sinn, den er seinem Dasein gibt. Der Mensch lebt von der Wahrheit.

Wahrheit ist aber in der Bibel nicht, jedenfalls nicht primär die erkenntnistheoretische Übereinstimmung unserer Vorstellung mit dem vorgestellten Gegenstand. Wahrheit ist hier vielmehr ein Ereignis, das, wenn man sich auf es einläßt, Halt und Bestand gewährt und eben deshalb befreiend wirkt. Denn frei, wirklich frei zu sein, vermag nur derjenige, dessen Dasein fest gegründet ist. Haltloses Leben kann nicht wirklich freies Leben sein. Deshalb wird in der Bibel Wahrheit als Gottesprädikat gebraucht. „Wahrheit ... ist ... faktisch die Wirklichkeit Gottes", die nach dem Zeugnis des Johannesevangeliums in Jesus Christus „als gnädige Gabe begegnet".[21]

Und weil diese in Jesus Christus begegnende Wirklichkeit Gottes ganz und gar verläßlich ist und deshalb unserem Dasein Grund und Halt gibt, deshalb wird von dieser Wahrheit im Johannesevangelium (8,32) gesagt, daß sie *befreiend wirkt.* Glauben heißt: sich von dieser befreienden Wahrheit erobern lassen. Im Glauben kommt diese Wahrheit mir näher als ich mir selber nahe zu sein vermag. Im Glauben erobert die befreiende Wahrheit mein Herz. Und das Herz ist im biblischen Sprachgebrauch das über die ganze Person entscheidende Zentrum menschlicher Existenz. Im *Herzen* aber steht der *ganze* Mensch auf dem Spiel. Im Herzen wird über meine Existenz *als ganze* entschieden: jedoch so, daß die Entscheidung Gottes für mich und über mich von mir nur eben *nachvollzogen* wird. Das glaubende Herz ist nicht ein Herz, in dem ich über mich entscheide, sondern in dem von Gott über mich entschieden wird. (Darin gleicht der Glaube der Liebe, die ja ihrerseits über einen Menschen kommt und dann über ihn entscheidet, bevor er sich selber zu entscheiden vermag. Liebend ist der Mensch von der geliebten Person so affiziert, daß er von sich selber sagen kann: ich war einfach weg – nämlich weg von mir, hingerissen zu ihr. Glaubend bin ich *einfach* weg, nämlich weg von mir selbst, hin zu Gott). Glaubend entdecke ich mich als den, der von Gott schon erreicht worden ist. Glaubend entdecke ich, daß Gottes Wort mein Herz bereits erobert hat, um eine neue Person aus mir zu machen: nämlich die Person eines Kindes, das in Gott seinen Vater hat.

---

[21] AaO., S. 371.

Der Glaube ernährt dieses *Kind in uns*, ohne das niemand gegenüber der Welt wirklich *erwachsen* wird. Wer das gläubige Kind in sich tötet, wird nicht etwa erwachsen und mündig, sondern nur eben älter, auf infantile Weise älter. Wer hingegen das Kind in sich gedeihen läßt, also in Gott seinen Vater entdeckt, der wird in dieser Welt und in weltlichen Dingen eine selbständige, eine mündige, eine wirklich erwachsene Person. Der Glaube sagt wie Maria: fiat mihi secundum verbum tuum (Lk 1,38).

Wo das geschieht, wo ein Mensch sich ganz auf das ihn ansprechende Wort Gottes verläßt, da bleibt das menschliche Ich nun aber nicht bei sich selbst. Da wird es vielmehr – wie die Mystiker sagen – seiner selber ledig. Da verläßt es sich, um außerhalb seiner selbst – um bei Gott – zu sich selbst zu kommen. Die Wahrheit des Evangeliums, auf die sich der Glaube verläßt, ruft uns immer von uns selber weg. Sie macht uns selbst vergessen. Zum Glauben gehört eine überaus befreiende Selbstvergessenheit.

Dies, daß der Mensch nicht bei sich selbst, sondern beim Anderen zu sich selbst kommt, daß er außerhalb seiner selbst seine Identität findet, das ist dem Glauben und der von ihm bestimmten christlichen Existenz wesentlich. Luther hat es herrlich formuliert: „eyn Christen mensch lebt nit ynn yhm selb, sondern ynn Christo und seynem nehstenn, ynn Christo durch den glauben, ym nehsten durch die liebe: durch den glauben feret er uber sich yn gott, auß gott feret er widder unter sich durch die liebe, und bleybt doch ymmer ynn gott und gottlicher liebe, Gleych wie Christus sagt Johan.1. ‚Ihr werdet noch sehen den hymell offen stehn, und die Engell auff und absteygenn ubir den Sun des menschenn'. Sihe das ist die rechte, geystliche, Christliche freyheyt, die das hertz frey macht von allen sundenn, gesetzen und gepotten, wilch alle andere freyheyt ubirtrifft, wie der hymell die erdenn, Wilch geb uns gott recht zuvorstehen und behaltenn".[22]

2. Der solchermaßen ek-statische Glaube begründet die christliche Hoffnung. Denn in der Hoffnung transponiert sich die im Glauben bereits jetzt als befreiend erfahrene Wahrheit des Evangeliums in die Zukunft. Das zeigt sich im Neuen Testament darin, daß nicht irgend etwas, sondern Jesus Christus als Gegenstand der Hoffnung benannt wird, ja daß er sogar selber als „unsere Hoffnung" bezeichnet werden kann (Kol 1,27; 1Tim 1,1). Das besagt: Die Hoffnung der Glaubenden

---

[22] M. Luther, Von der Freiheit eines Christenmenschen (1520), WA 7, S. 12–38, 38, 6–15.

richtet sich auf eine Zukunft, die nicht von uns gemacht werden kann, die also nicht die Fortschreibung weltlicher Gegenwart und Vergangenheit ist, sondern die von Gott selbst her auf uns zukommt. Sie ist nicht Futur, sondern Advent. Aber nun eben nicht ein unbestimmter Advent – etwa nach der Weise: „Heut kommt der Hans zu mir freut sich die Lies. Ob er aber über Oberammergau oder aber über Unterammergau oder aber überhaupt nicht kommt, ist nicht gewiß." Nein, der Advent, auf den sich die christliche Hoffnung richtet, ist der Advent Jesu Christi, und zwar sein erneutes Kommen in Herrlichkeit.

Man hat diesen letzten Advent Christi im Anschluß an die Apokalyptik gern als Katastrophe prognostiziert. Und selbst im Neuen Testament begegnen solche apokalyptischen Szenarios. „An jenem Tag wird eine solche Trübsal sein, wie sie nie gewesen ist bisher von Anfang der Schöpfung ... . In der Zeit nach dieser Trübsal aber werden Sonne und Mond ihren Schein verlieren, und die Sterne werden vom Himmel fallen, und die Kräfte des Himmels werden ins Wanken kommen", heißt es in Mk 13,19.24. Dies irae, dies illa / Solvet saeclum in favilla!

Soweit der erste Eindruck! Er paßt in die Katastrophenstimmung unserer Zeit. Die unsere Zeit durchwaltende Furcht vor einem drohenden katastrophalen Ende der menschlichen Lebenswelt weist durchaus gewisse Parallelen, sie weist eine gewisse Analogie zur apokalyptischen Enderwartung auf. Nicht zufällig reden die Politiker im Blick auf eine mögliche atomare Katastrophe von der „Apokalypse". Das Chaos, das tohuwabohu, das im Uranfang die Erde bedeckte, kann erneut über unsere Erde heraufbeschworen werden – nun freilich durch unsere eigenen Taten, durch unsere Waffen, durch unsere Werke.

Das technologische Handeln hat längst einen Zwang zur kumulativen Selbstüberhöhung aus sich herausgesetzt, die die Fern-Wirkungen unseres Handelns unübersehbar macht. Wie kann man in dieser auch ethisch völlig neuartigen Situation Orientierung gewinnen? „Was kann als Kompaß dienen?" Die Antwort, die heute immer häufiger zu hören ist und die z. B. der Philosoph Hans Jonas gegeben hat, lautet: Orientierung gibt nur noch die „vorausgedachte Gefahr selber". Eine „Heuristik der Furcht" oder eine „Hermeneutik der Gefahr" soll zu einer Ethik verhelfen, die aus dem Wissen um die Bedrohtheit des *Daseins* zur Erkenntnis dessen gelangt, was es zu tun gilt und was zu lassen. Die Leistungsfähigkeit einer solchen Heuristik der Furcht dürfte im Rahmen *weltlicher* Urteilskraft einigermaßen hoch zu veranschlagen sein. Für den christlichen Glauben stellt sich dennoch die

Frage, ob auch eine theologische Ethik ihre Orientierung, ihren Kompaß in der vorausgedachten Gefahr und nur in ihr haben kann. Hat die christliche Hoffnung nicht vielmehr die Aufgabe, die die Gegenwart der Welt bestimmende Furcht vor der Zukunft (die in Wahrheit Angst vor Zukunftslosigkeit ist) in diejenige *Gottesfurcht* zu verwandeln, die ohne *Gottvertrauen* nicht denkbar ist und die deshalb auch *Gottes Gericht* als definitiven Erweis seiner Liebe erwartet, also auch angesichts der Gefahr *hoffen* läßt?

Wir kehren mit dieser Frage zu den biblischen Texten zurück, die auf den ersten Blick ebenfalls für Furcht zu sorgen schienen. Bei genauerem Hinsehen wird man jedoch feststellen, daß jene alten Texte zwar in der Tat von einer apokalyptischen Furcht reden, daß aber *die Pointe* der neutestamentlichen Rede vom Tag des Herrn nun doch gerade darin besteht, diese nur allzu begründete Furcht zu überwinden. Denn dann – so heißt es im Anschluß an den vorhin zitierten Text vom Zusammenbruch der Welt bei Mk 13–denn dann „werden sie den Menschensohn kommen sehen in den Wolken mit großer Kraft und in Herrlichkeit", die Welt zu richten. Auch das ist apokalyptische Tradition. Aber nun ist entscheidend, daß diese apokalyptische Tradition vom kommenden Richter aus gutem Grund auf Jesus Christus, also auf den *Retter* der Welt bezogen wurde. Der Tag des Herrn ist sein Tag. Vor *seinem* Richterstuhl müssen wir alle offenbar werden. Auf dem Richterstuhl wird also der um unserer Sünden willen hingerichtete und um unserer Rechtfertigung willen auferweckte Heiland sitzen. Von dieser Gewißheit her verliert der Tag des Herrn seine apokalyptische Schrecklichkeit. Die Offenbarung des Johannes stellt deshalb den erhöhten Christus ausdrücklich als Überwinder der Furcht vor: „Fürchte Dich nicht! *Ich* bin der Erste und der Letzte und der Lebendige. Ich war tot, und siehe: ich bin lebendig in alle Ewigkeit, und *ich* habe die Schlüssel des Todesreiches und der Hölle" (Offb 1,17f.).

Indem sich die Erwartung der Christen mit der Gewißheit verbindet, daß in der Person des gekreuzigten und von den Toten auferstandenen Christus die Macht des Todes gebrochen ist und die Pforten der Hölle überwunden worden sind, gerät die christliche Erwartung notwendig zur *Hoffnung*. Hat sich Gott in Jesu Tod und Auferstehung als der gnädige Gott offenbart, dann erwartet uns in der Person des Richters Jesus Christus am Tage seiner Parusie kein anderer als eben dieser *gnädige Gott*.

Man wird dies auch und gerade im Blick auf die biblische Qualifikation des Tages des Herrn als eines *Gerichtstages* geltend zu machen haben. Schon dies, *daß* Gott richtet, ist nicht Anlaß zur Furcht, sondern zur Dankbarkeit. Schon dies, daß Gott richtet, ist ein Akt der Gnade. Denn wäre *er* nicht der Weltenrichter, dann wäre die Weltgeschichte selber das Weltgericht. Es würde dann sehr brutal der Stärkere der Gerechtfertigte sein. Es würden dann die Mörder über ihre Opfer triumphieren. Es würde dann jedes *verantwortliche* Tun weltgeschichtlich sinnlos werden. Weil dies nicht geschehen soll, weil Jesus Christus allein Richter bleiben und mit seiner Gnade ein gerechtes Gericht an der Welt vollziehen will, deshalb gehört zu seinem erneuten Zur-Welt-Kommen das Weltgericht.

Gericht ist es insofern, als es alles, was auf Erden geschieht, ins *Licht* rückt, ins *rechte Licht* rückt, und das heißt in das *Licht Jesu Christi* rückt. *Sein* Licht, also das Licht des Evangeliums wird dann unsere wohlverdiente Schande offenbar machen und alles, was schändlich an unserer Geschichte war, dem Vergehen überantworten. *Sein* Licht wird wie ein Feuer brennen und wegbrennen, was der Heiligkeit Gottes widerspricht. Aber es ist das Licht des Evangeliums, und das heißt, es ist das Feuer der Liebe, das so brennt. Insofern wird auch das strengste unseren Werken widerfahrende Gericht eine uns widerfahrende Auszeichnung sein. Der Mensch wird dadurch, daß er vor dem Richtstuhl Jesu Christi offenbar werden muß, nicht erniedrigt. Er wird *zum Gericht erhöht.* Und er wird aus dem Gericht Gottes als ein neuer Mensch hervorgehen. Das jüngste Gericht verspricht dieser Welt zugleich einen neuen Anfang.

3. Geht die Menschheit aber *dieser* Zukunft entgegen, dann gewinnen wir aus der Hoffnung auf die Zukunft Kraft für die Gegenwart. Dann hat ein jeder von uns sein Möglichstes zu tun. Wenn wirklich nicht unser eigenes Tun, sondern der alles neu machende Gott über den Ausgang der Weltgeschichte entscheidet, dann kann der Mensch *auch im* Angesicht der *Gefahr* handeln, dann hat die christliche Hoffnung dem menschlichen Handeln etwas zu sagen. Menschliches Handeln vollzieht und vollendet sich ja in der Regel „nach dem Gesetz, nach dem es angetreten“. Es schreibt die Bedingungen fort, unter denen es begann. Und es kumuliert sich dann seinem Ziel entgegen. Seinen Anfang hat es prinzipiell hinter sich. Es ist ein *sich fortsetzendes* Handeln. Es verlängert das Alte.

Wenn wir jedoch auf ein Ende dieser Welt hoffen, das zugleich einen ganz neuen Anfang mit uns macht, und wenn wir diesen neuen Anfang schon jetzt durch die menschlichen Akte des Glaubens und des Hoffens bezeugen können, wenn wir also schon jetzt in unserem Handeln gleichnishaft auf den neuen Anfang Gottes mit uns und unserer Welt bezogen sind, dann werden wir auch im irdischen Zusammenhang damit zu rechnen haben, daß wir handelnd nicht nur der *Fortsetzung* unseres begonnenen Handelns entgegen gehen. Die im Glauben begründete Hoffnung kennt auch die weltimmanente Möglichkeit zumindest *relativ neuer Anfänge*. Wir sind zumindest partiell frei, immer wieder „mit dem Anfang anzufangen“, statt nur unter dem Zwang eines Gesetzes, nach dem wir angetreten, fortfahren zu müssen. Diese partielle Freiheit zu anfänglichem Handeln befreit von den Zwängen zur Selbstkumulation, sie befreit zur Selbstkorrektur. Es bedarf keiner Erläuterung, wie sehr unsere Welt ein solches vom Mut zu neuen Anfängen bestimmtes Handeln braucht.

Doch die Hoffnung auf den letzten Advent Jesu Christi in Herrlichkeit gibt darüber hinaus auch einige *Kriterien* an die Hand, die zwischen gutem und bösem Handeln zu unterscheiden erlauben. Der entscheidende Gesichtspunkt für die Unterscheidung guten und bösen menschlichen Handelns in unserer Welt ist aus der Gewißheit zu gewinnen, daß der letzte Advent Jesu Christi die Welt und den in ihr handelnden Menschen *gnädig begrenzt*. Wer dessen gewiß ist, der wird die alte Tugend des Maßhaltens neu entdecken. Wer dessen gewiß ist, daß die Welt und der in ihr handelnde Mensch durch den kommenden Christus *gnädig begrenzt* wird, der wird das eigene Begrenztsein nicht als einen Mangel, sondern als eine zur Menschlichkeit des Menschen gehörende Wohltat verstehen.

Er wird aus der Hoffnung, daß er durch einen gnädigen Gott begrenzt sein wird, die Einsicht gewinnen, daß Menschsein Begrenztsein heißt und daß es dem Menschen wohl tut, begrenzt zu sein, daß es ihm hingegen schaden würde, unbegrenzt oder grenzenlos zu existieren. Er wird folglich begreifen, daß auch das menschliche *Handeln* sich selbst begrenzen muß, wenn es *menschliches*, wenn es *humanes* Handeln sein soll. Wer auf die gnädige Begrenzung aller Kreatur durch den kommenden Christus hofft, der entdeckt, daß nicht der unbegrenzt und rücksichtslos über die Erde herrschende Mensch „die Krone der Schöpfung“ ist, sondern daß erst der auch das Herrschen beherrschende und *so* über die Welt herrschende Mensch Gottes Ebenbild genannt zu werden verdient. Die Hoffnung leitet uns an, das Herrschen zu beherrschen.

Darüberhinaus kann die Hoffnung auf das – mit dem Kommen Jesu Christi – kommende Reich Gottes aber auch *positiv* sagen, was unser menschliches Handeln hier und jetzt zu einem *guten* Handeln macht. Nach Paulus besteht das Reich Gottes aus Gerechtigkeit, Frieden und Freude im heiligen Geist. Daß es gut ist, auch hier auf Erden bereits Gerechtigkeit und Frieden ins Werk zu setzen, leuchtet heute auch all denen ein, die mit der Rede vom heiligen Geist nichts anfangen können. Gerechtigkeit und Frieden sind Handlungsziele, die auch der durch weltliche Furcht motivierten praktischen Vernunft erstrebenswert erscheinen. Das wird jedermann, das wird selbst der Atheist einräumen: gut ist, was der Gerechtigkeit und dem Frieden dient; böse ist, was der Gerechtigkeit und dem Frieden schadet. Das Proprium aber, das die christliche Hoffnung zum Verständnis von Gerechtigkeit und Frieden als irdischen Handlungszielen beiträgt, ist die Orientierung an der *Freude*, ohne die Gerechtigkeit und Friede weder im Reiche Gottes noch auf Erden *recht* begriffen werden können.

Es gibt ja Gestalten der Gerechtigkeit, an der auch der Rechtschaffende keine Freude haben kann. Es gibt ein summum ius, das summa iniuria bedeutet. Es gibt Wege zum Frieden und dementsprechend Friedensverträge und Friedensrealitäten, die zum Fürchten sind – hoffnungsloser Friede! Nur wo der Friede so begriffen wird, daß zum Begriff des Friedens konstitutiv die Freude am Frieden gehört, nur wo die Gerechtigkeit so verstanden wird, daß zum Verständnis der Gerechtigkeit konstitutiv die Freude an der Gerechtigkeit gehört, sind Gerechtigkeit und Frieden verantwortlich zu erstrebende Ziele menschlichen Handelns. Dabei ist selbstverständlich nicht nur an die eigene Freude, sondern noch sehr viel mehr an die Freude des anderen und vor allem an die zukünftige Freude derer, die nach uns da sein werden, zu denken. Freude ist ein Kriterium auch für das über den Bereich der alten Nächsten-Ethik weit hinausgreifende technologisch entworfene Handeln mit seinen weitreichenden Folgen. Wenn wir nicht nur die Gefahr, sondern auch die Freude künftiger Generationen an Frieden und Gerechtigkeit vorauszudenken lernen, gewinnt unser Handeln eine Ausrichtung, eine Orientierung, die es leichter macht, sich zwischen dem, was zu tun, und dem, was zu lassen ist, *begründet* zu entscheiden.

Christsein heißt und Menschsein sollte heißen: sich in die Freude anderer hineinversetzen können. Viele christliche und anderweitige moralische Rhetorik unserer Zeit erledigt sich von selbst, wenn sie an diesem Kriterium gemessen wird. Sie ist, weil sie die Mitfreude nicht kennt, eine durch und durch *hoffnungslose* Rhetorik.

So lenkt denn gerade die Einsicht in das, was zu tun *bitter Not* ist, noch einmal auf die Hoffnung zurück. Die zur christlichen Hoffnung gehörende Gewißheit, durch den kommenden Christus gerettet und durch das mit ihm kommende Reich gnädig begrenzt zu werden, gewährt uns einen langen Atem, der uns immer wieder aufatmen läßt. Denn die Hoffenden wissen, daß sie bei aller Verantwortung für das Wohl der Welt eines *nicht zu verantworten* haben: nämlich ihr eigenes Sein. Wir haben unser Tun zu verantworten. Unser Sein verantwortet Gott. So verheißt es das Evangelium. Hat der ewige Sohn Gottes die menschliche Natur, hat er menschliches Sein und Wesen mit sich vereint - assumpsit naturam humanam! -, dann hat er sich für das Sein aller Menschen verantwortlich gemacht.

Wer das entdeckt, wer entdeckt, daß wir von Gott verantwortete Menschen sind und daß eben deshalb die Würde des Menschen unantastbar ist, der fängt in einer noch ganz anderen Weise *zu staunen* an als die sog. Postmoderne wieder zu staunen gelernt hat. Denn er staunt nicht über das, was uns zu machen möglich ist, sondern über das, was bei Gott möglich ist und von Gott ermöglicht wird. Und wer darüber staunt, nimmt dann sich selber und seine Welt mit anderen Augen wahr: er nimmt sich selbst und seine Welt sicherlich ernst, aber nicht mehr zu ernst. Sein Staunen gibt ihm jene Prise Humor, die ihn von den humorlosen Moralisten aller Provenienzen definitiv unterscheidet. Gäbe es auch sonst in der Welt nichts zu lachen, der über Gott staunende Mensch kann zumindest über sich selbst fröhlich und befreit lachen. Nicht zuletzt deshalb fangen die Staunenden immer wieder zu handeln an.

Hanns Dieter Hüsch

Sinnfrage und Humor

„Gott schicke den Tyrannen Läuse, den Einsamen Hunde, den Kindern Schmetterlinge, den Frauen Träume, den Männern Wildschweine, uns allen aber einen Adler, der uns auf seinen Fittichen zu ihm trägt."

Meine lieben Mainzer und Mainzerinnen, es ist für mich eine ganz, ganz große Ehre, nach so vielen Jahren, die ich auch hier verleben konnte, glückliche Jahre, im Mainzer Dom zu Ihnen sprechen zu dürfen. Freude sei mit euch und Freundlichkeit und Freundschaft und die Tugend der Höflichkeit, den anderen wahrzunehmen und zu grüßen und die Demut, uns einzugestehen, daß wir auch weiterhin nur Stückwerk sind und bleiben, wenn nicht Gottes Wort ein Licht auf unseren Wegen wäre, auf unseren Wegen, die wir für lang und endlos halten, die aber nur ein kleines Stück voll von Schein und Trug sind, und das Ergebnis stellt sich oft als lächerliches Bild heraus, ein falsches Foto, aus dem der Anfang und das Ende fehlen, abgeschnitten, einfach abgeschnitten sind.

Doch Gottes Wort fängt weit, ganz weit vor dem Anfang an und geht am Ende noch viel weiter, bis noch mal so weit, Gott hat Zeit, er hat Zeit und zwingt niemanden. Er hat viel Zeit, wir haben keine Zeit. Er aber hat viel Zeit, die nicht auf unseren Uhren steht, und unsere Termine sind nicht in seinem Kalender. Sein Wort ist grenzenlos, ist zeitlos und restlos, vor allen Dingen und nach allen Dingen, er ist in allen Winkeln der Welt am Tag und in der Nacht zu spüren, weil wir lebendig sind und weil wir sterblich sind. Wir sind ja nicht nur eins von beiden, wir sind ja immer beides, lebendig und sterblich, Anfang und Ende.

Es ist zu HÖREN sein Wort, weil wir kommen und weil wir gehen und vergehen, wachsen, blühen und gedeihen und verwelken. Es ist zu TUN sein Wort, weil wir Station auf seiner Erde machen mit vielen anderen, die in seiner Hand sind, in seinem Blick, in seinem Ohr.

Er weiß, was wir jetzt denken, was wir jetzt reden und lesen. Wir aber wissen oft nicht, was wir tun, sind launisch, so selbstgefällig aufgeklärt, so aufgeblasen fortschrittlich, so lässig psychologisch und backen doch nur – salopp gesagt – wenn's ums Ganze geht, ganz kleine Brötchen. Das Kreuz als Krone tragen. Wer dennoch heiter ist, der ist ein Gotteskind.

Wer heute in dieser Zeit des Mittelmaßes und der Oberflächengrausamkeit heiter ist und unbestechlich bleibt, der ist ein Gottesmensch, der hat das A und O entdeckt und geht mit Gottes Wort durchs Leben, nicht penetrant fundamentalistisch, nein, nein, leichtfüßig und hat für jeden einen winzigen Gedankengang und sagt auch jedem, daß er sich nicht fürchten soll und daß das Wort die bessere Droge sei und daß mit Gottes Wort jeder und jede ganz von vorn beginnen könne, gleichgültig wo und wie und wann und wer es sei. Gottes Wort ist konfessionslos. Wenn Gott sich in einem Hotel eintragen müßte, er wüßte wahrscheinlich gar nicht, was er unter Konfession hinschreiben sollte. Gottes Wort ist nicht parteigebunden, er ist nicht organisiert und es wird das Wort oft lächerlich gemacht und hat doch alle Zeiten und alle Welten überdauert.

Und wenn ich auch nichts mehr sähe von dieser albernen Welt, und ich wollte die Wälder und Meere suchen, die niederländischen und die mediterranen, und ich fände sie nicht, ich fände nicht Tier noch Freund, nicht Frau noch Kind und hätte auch keinen Gedanken, mich aus dem Dickicht der Leere herauszuführen und da wäre kein Weg und kein Zeichen, Gottes Auge sieht meine Schwäche, sieht meine Müdigkeit und lenkt mich mit Sanftmut nach Haus.

Ich war neulich, muß ich erzählen, im Zirkus, im Zirkus nach langer Zeit mal wieder, und da wird man ja wieder wie ein Kind. Ich bin jedenfalls immer wieder begeistert, wenn ich sehe, was Menschen und Tiere alles auf die Beine stellen einen ganzen Abend lang. Da war einer, der ist auf einem Seil herumgegangen, als wenn unsereiner in die Küche geht und ist dann doch noch über drei Tücher gesprungen und ist dann doch noch wieder auf dem Seil gelandet und hat noch soeben die Balance gehalten, sonst wäre er runtergefallen. Wie ein Mensch sich manchmal anstrengt und sich selbst überwindet, ja-ja, das hab ich dort wieder einmal erlebt. Auch die Löwen, die richtig auf den Dompteur hören und allerlei Sprünge machen und dann noch die Clowns, die ja dafür sorgen, daß die Menschen nicht nur den Atem anhalten, sondern auch lachen. Das hat mich sehr bewegt, und ich hab einfach nicht glauben wollen, daß erwachsene Menschen noch nie im Zirkus waren, in ihrem ganzen Leben noch nie im Zirkus, noch nie! Mein Vater hat mich immer mitgenommen damals, wenn der Zirkus kam, und ich hab schon ganz früh gesehen, wie die Menschen sich unheimlich angestrengt haben, um anderen Menschen etwas ganz Besonderes zu zeigen, was sie sonst nirgendwo sehen. Die Jongleure zum Beispiel, die mit Keulen und Hüten stundenlang hin und her jonglieren, als wenn ihr Leben davon abhinge. Das konnte man richtig auf dem Gesicht des Jongleurs sehen, der sah sowieso schon aus wie ein stolzer Spanier. Seine Mutter aber war eine Indianerin. Also daß eigentlich mehrere Menschen in dem Gesicht von dem Jongleur waren und sich jetzt alle auf einmal anstrengten, damit die Hüte alle wieder wie ein Bumerang zurückkamen. Was der Mensch nicht alles kann und macht und studiert und ausprobiert und vorführt. Das ist ja nicht erst seit gestern, nein, schon von Anfang an hat doch der Mensch versucht, sich zu vervollkommnen, und das ist ja im Zirkus am deutlichsten zu sehen. Im täglichen Leben natürlich auch.

Neulich ist sogar in Duisburg ein Blinder Schützenkönig geworden. Wirklich! Im Zirkus habe ich einmal gesehen, da hat eine schöne Seiltänzerin den dreifachen Salto zweimal verpatzt und als sie es dann zum dritten Mal versucht hat, da haben wir in dem Zirkus alle rundherum mucksmäuschenstill gesessen und gezittert und sind dann mit Freudentränen aufgesprungen, als sie es dann geschafft hat.

Ich sage immer: Lachen und Weinen, Tragödie und Komödie halten den Menschen am Leben, und halten ihn nicht nur am Leben, sondern bewegen ihn auch, nicht aufzugeben, nicht bitter zu werden, erfinderisch zu sein, andere verstehen zu lernen, einen Platz anzubieten, vielleicht auch eine Suppe und Brot, Wärme zu verschenken, Wärme! Es könnte Christus selbst sein, der um Aufnahme bittet und er, der es sich wirklich vorstellen kann, hat alle Gewalt besiegt. Er lebte im Triumph des Glaubens und hielt den Frieden, auf daß Gottes Erde Heimat werde für alle Welt.

Wir alle sind in Gottes Hand
und jeder Mensch in jedem Land,
wir kommen und wir gehen,
wir singen und wir grüßen,
wir beten und wir büßen,
wir weinen und wir lachen,
Gott will uns fröhlich machen.

Wir alle haben unsere Zeit,
Gott hält die Sanduhr stets bereit,
wir blühen und verwelken,
vom Kopf bis zu den Füßen,
wir packen unsere Sachen,
wir beten und wir büßen,
Gott wird uns leichter machen.

Wir alle haben unser Los
und sind getrost auf Gottes Floß,
die Welt entlang gefahren,
auf Meeren und auf Flüssen,
die Starken mit den Schwachen,
zu beten und zu büßen,
Gott will uns schöner machen.

Wir alle bleiben Gottes Kind,
auch wenn wir schon erwachsen sind.
Wir werden immer kleiner,
bis wir am Ende wissen,
vom Mund bis zu den Zehen,
wenn wir gen Himmel müssen,
Gott will uns heiter sehen.

Ich habe einmal eine Abhandlung über verschiedene Dinge gemacht, zum Beispiel über Heiterkeit, über Humor, über Ironie und Satire und all diese Dinge, die im Grunde genommen doch nur einer Wurzel entsprungen sind und alle zusammengehören. Humor ist, wenn überhaupt, meine Lieben, einmal eine Art, bzw. kann eine Form der Heiterkeit sein, wenn sich – vielleicht kann man es so sagen – zum Lachen auf der einen Seite die Satire andererseits hinzugesellt, man sagt ja auch gesellig sein, geselliger Abend oder auch muntere Gesellen und so fort, nun, die Satire hinzugesellt, die aber wiederum abhängig ist, auch jeweils landschaftlich, vom betreffenden Mutterwitz, nämlich vom Witz der Mutter oder anders ausgedrückt, zugespitzt sein muß, um das allgemeine Weinen zu verdeutlichen, gleichgültig, wie man weint.

Der heutige Abend ist nun ein besonderes Beispiel oder auch der kommende Morgen vielleicht, daß sich nun auch noch die Ironie, die ja noch hinzukommt, durch das Weinen oder auch durch inniges Schmunzeln zum befreienden Lachen oder auch Lacher oder zum befreienden Gelächter allerseits autonom artikuliert. Wobei eben der Humor jedes einzelnen auf ganz verschiedene Wege zum Vorschein kommt. So ist Humor also jedenfalls nicht mehr, wenn man trotzdem lacht, sondern wenn man, obschon man Humor zu haben glaubt, zu haben scheint, dennoch nicht weint.

Demnach ist Heiterkeit, wenn überhaupt, einmal eine Art, zum anderen eine Form, bzw. kann eine Form des Humors sein, wenn sich, vielleicht können wir auch hier so sagen, nun zum heftigen Lachen auf der einen Seite die Pointe oder sagen wir besser der Aberwitz, um nicht zu sagen der Wahnwitz, hinzugesellt. Man spricht ja auch von gesellig sein, geselliger Abend oder auch muntere Gesellen und so fort, der Wahnsinn hinzugesellt, der aber wiederum abhängig ist vom betreffenden Vaterwitz, natürlich vom Witz des Vaters, auch jeweils landschaftlich abhängig bebildert mit Gräsern, Flußbett, Baumbestand, Trauerweiden oder lustigen Birken am Hang oder anders ausgedrückt, zugespitzt sein muß, der Wahnwitz, um das allgemeine Weinen, auch inniges Schluchzen, mit den Tränen kämpfen, man spricht hier von Tränen lachen, tot lachen und so fort, hier zu verdeutlichen.

Und gerade der heutige Abend oder der kommende Morgen sind nun vielleicht besondere Beispiele dafür, daß sich die Ironie, die ja noch hinzukommt durch das Weinen oder auch durch heftige Lachkrämpfe zum befreienden Aberwitz, um nicht zu sagen wahrhaftig autonom, artikuliert. Wobei eben der Wahnsinn jedes einzelnen oder sagen wir besser, die Heiterkeit jedes einzelnen, auf ganz verschiedenen Wegen zumeist als sprachloser Gestus zum Vorschein kommt. Heiterkeit ist also jedenfalls nicht mehr, wenn man trotzdem weint, sondern wenn man, obschon man Humor zu haben glaubt, zu haben scheint, dennoch nicht wahnsinnig ist. Heiterkeit ist also durchaus bzw. kann wiederum eine Art von Aberwitz sein oder auch eine Form von Wahnsinn. Wenn sich zum Beispiel durch nicht übertriebenes und doch gezieltes Verbeugen einmal ständig, also von morgens bis abends, Persönlichkeiten verwechseln, gänzlich Unbekannte verwechseln mit gänzlich Bekannten, bekannte Größen mit den unbekannten Größen sozusagen auf eine Ebene stellen, erinnert dies an Wahnsinn. Dann ist das, meine Lieben, die Heiterkeit in persona und das hat mit Pointen nichts mehr zu tun.

Gott sitzt in einem Kirchenbau
und ruft die Jahreszeiten aus,
den Frühling und den Herbst,
und es geschieht aufs Wort.
Er schreibt in uns den Jugendtraum
vom großen Menschen aus,
sein Wort ist Schutz, ist neue Haut,
ist Aufruhr gegen kaltes Sein.
Und wenn er will, schläft alle Welt
in seinen Armen ein.
Wir sind die Kinder, die er liebt,
mit denen er von Ewigkeit zu Ewigkeit
das Leben und das Sterben gibt,
mit seinem Wort.
Und tun wir nur ein halb davon,
so ist es schon ein Weltakkord,
der dann um unsre Erde kreist
und aus dem Wort wird Geist.

Und wenn ich nicht wüßte, wohin meinen Kopf zur Ruhe betten in dieser törichten Zeit und kein Abend mein unruhiges Herz aufnähme in dieser wohltuenden Zeit der Dämmerung, so wird mein Geist doch gerettet durch die Barmherzigkeit Gottes und meine Seele bleibt unverwundet durch seine Güte. Seine Heiterkeit darf ich allzeit ausüben, durch seinen Geist, der so unendlich ist, daß er kein Ende berührt, auch wenn er im Kreise ginge. Und die, die daherkommen und die Welt übernehmen, um sie zu zerstören, die den Menschen wirklich als Material, als Menschenmaterial verschachern, deren Worte Befehle sind, wissen nichts vom Kommen und Gehen, vom Morgen und vom Abend, sie reden viel und vernichten viel, sie verfolgen viel und töten viel. Und Gottes Wort ist ihnen ein Greuel, so wie der Krieg für sie kein Greuel ist. Das Wort von der Feindesliebe verspotten sie, Frauen und Kinder zertreten sie, Waffen verschieben sie, Geschäfte verschleiern sie und ihr Herz verschließen sie und sie lassen Gottes Wort ohne Lachen den Friedfertigen, den Naiven und denen, die Jesus nachfolgen, der seinen Jüngern gesagt hat: „Mir ist gegeben alle Gewalt im Himmel und auf Erden, darum geht hin und machet zu Jüngern alle Völker. Taufet sie auf den Namen des Vaters und des Sohnes und des Heiligen Geistes und lehret sie halten, was ich euch befohlen habe, und siehe, ich bin bei euch alle Tage bis an der Welt Ende."

Das ist das Wort, das mich trifft und mich am meisten bewegt und bewegt hat. „Ich bin bei euch alle Tage, bis an der Welt Ende." Es sagt mir, daß ich mich getrost auf den Weg machen und selbst in mir Worte finden kann, um andere zu trösten, zu ermuntern, nicht aufzugeben oder auch um mich zu wehren, wenn andere meinen, mir Wörter voller Haß entgegenschleudern zu müssen. Wörter, die mich unsicher machen sollen, verletzen und mundtot machen sollen, zerteilen und auseinandernehmen sollen, Wörter, die mich bestechen sollen. Da ist dieses Wort „Ich bin bei euch alle Tage, bis an der Welt Ende" eine große friedliche Waffe. Ich kann mich an einen Baum lehnen und sagen: „Macht ihr nur, redet ihr nur alle, es gibt ein Wort, das mich alles ertragen läßt, das mich unverwundbar macht und über den Berg führt zu denen, die zärtlich sind, deren Worte zärtlich sind, weil sie mit Gott sprechen." Und Gott spricht mit ihnen und läßt sie nicht allein, und während sie sprechen und einander zuhören, werden im Tale die Lichter entzündet, Türen geöffnet, es geht ein Leuchten durch die Finsternis und ein Schweigen durch die Menschen, ein Erkennen in den Herzen und ein Verstehen unter den Fremden, bei den Kindern ein Wissen und ein Lächeln bei den Alten, denn Gottes Worte sind ganz hell und klar und täuschen nicht, enttäuschen nicht. Sie blenden nicht, irrlichtern nicht, lassen das Herz nicht bluten, sondern blühen.

Im übrigen, wenn alles ausgeredet, ausgerechnet, kalkuliert und spekuliert, wenn alles tausendfach erklärt, bewiesen, aufgesagt und abgeschrieben, widerrufen, neu behauptet, festgestellt und festgelegt und festgesetzt und dementiert und falsch betont, hinausposaunt, manipuliert und propagiert und wahrgesagt, hundertprozentig prophezeit, dokumentiert und illustriert und korrigiert und vorgeworfen, nachgeworfen, zugerufen, fest versprochen, Ehrenwort und Wortgefecht, nachgeredet, überredet, eingetrichtert, inhaliert und suggeriert, und wenn man dann wirklich alles ausgeredet hat und sprachlos ist, dann möge Gott der Herr uns immer wieder sagen, uns immer wieder zeigen, daß nur sein Wort das erste und das letzte Wort ist, daß unser Tun und Hören seinem Wort entsprechen möge, denn seine Sprache ist unser täglich Brot und unser nächtliches Vertrauen. Sein Wort ist Geist, der uns und alle friedlich macht und freundlich macht, lebendig macht und auch unsterblich macht.

Und wenn ich auch nichts mehr hörte von all diesen furchtbaren Reden und schnellen Begierden und eitlen Lügen und falschen Beweisen und all dem geschichtlichen Zeugs aus Brunst und Bestechung und wollte mich in mein Gehäuse verkriechen, schweigend und schwierig im Umgang und nichts mehr singen und sagen, so würde doch Gott meine Hoffnung bleiben, so wie er auf mich hofft, auf uns, auf uns setzt, auf uns wartet, daß wir aufstehen, daß wir uns einmischen, daß wir einander annehmen und daß wir die Revolution der Liebe verkünden, von Haus zu Haus an die Türen nageln, in die Herzen versenken, daß die Seele wieder zum Instrument der Zärtlichkeit wird, bis die Zärtlichkeit musiziert und triumphiert und die Zukunft leuchtet.

Laßt uns, meine Freunde und Freundinnen, die Geschichte Jesu Christi beginnen, die große Geschichte der Liebe, daraus die Geschichte der Liebe wächst, blüht und gedeiht. Verlassen wir die Geschichte des kleinlichen Polarisierens, deren Mittelmäßigkeit stets in Anmaßung übergeht. Laßt uns, wie der große griechische Prediger Johannes Chrysostomos gesagt hat, laßt uns das Kreuz wie eine Krone tragen. Beginnen wir endlich mit der Geschichte Gottes, unsere Weltgeschichte wird eine andere werden, und wir werden tatsächlich erlöster aussehen.

Ich bin vergnügt, erlöst, befreit,
Gott nahm in seine Hände meine Zeit.
Mein Fühlen, Denken, Hören, Sagen,
mein Triumphieren und Verzagen,
das Elend und die Zärtlichkeit.
Was macht's, daß ich so fröhlich bin
in meinem kleinen Reich?
Ich sing und tanze her und hin
vom Kindbett bis zur Leich.
Was macht's, daß ich so furchtlos bin,
an vielen dunklen Tagen?
Es kommt ein Geist in meinen Sinn,
will mich durchs Leben tragen.
Was macht's, daß ich so unbeschwert
und mich kein Trübsinn hält?
Weil mich mein Gott das Lachen lehrt,
wohl über alle Welt.

Ich weiß nicht, ob Sie die Geschichte kennen, wo der liebe Gott in seiner eigenen Kirche eingeschlossen wurde, von seinem eigenen Küster oder der Küsterin oder der Küsterstochter oder vom Sohn des Küsters, der auch Küster werden will, denn sein Großvater war ja auch schon Küster. Und die Küsters konnten eigentlich gar nichts dafür, wirklich nicht, der liebe Gott war in Dietersbrunn in die Kirche gegangen, die Kirchentür stand auf – wann steht schon mal in einer evangelisch/katholischen Kirche die Tür auf, nicht wahr? Da muß man doch wirklich mal fragen, nicht? Die meisten evangelisch/katholischen Kirchen sind doch, wenn nicht gerade Gottesdienst, Konfirmation, Kommunion, Heirat oder Taufe ist, zu, völlig zu, verriegelt, vernagelt, verrammelt. Also fehlt nur noch ein Schild an der Tür: Wir geben nichts. Warum sind so viele evangelisch/katholische Kirchen über Tag und ganz bestimmt in der Nacht ganz einfach geschlossen? Hat man Angst, daß die Kirche geklaut wird oder der Pfarrer oder aus der Kirche eine Bank zum Beispiel oder ein Gesangbuch? Ja, ja in unseren Kirchen ist doch gar nicht viel zu holen, also was soll das Ganze, nicht wahr, es ist doch wirklich so. Nein, nein, also, ein Gesangbuch wäre natürlich schön, dann könnte man zu Hause so einige alte Lieder wieder mal üben, nein, da muß ich schon sagen, du kleines sterbliches Geschöpf, sieh, der Herr wird es dir danken, wenn du ihm einen Schlüssel, – nein, so wieder auch nicht.

Also, der liebe Gott konnte nicht mehr raus aus der Kirche in Dietersbrunn. Er hat geklopft, getrommelt und gepfiffen, nichts war zu machen. Denn wenn ein deutscher Küster oder eine deutsche Küsterfamilie mal beim Essen sitzt, dann ißt sie und hört nichts mehr, nicht wahr? Ja aber, habe ich zum lieben Gott später gesagt, du hättest doch eines von deinen Wundern und Zeichen tun können. „Nein, nein“, hat er gesagt, „das wollte ich nicht, das wäre gar nicht objektiv gewesen und Jesus hat auch gesagt, ich soll mit den Zeichen und Wundern endlich einmal sparsamer umgehen und vor allen Dingen, sie nicht selbst verbrauchen.“ Jedenfalls hat der liebe Gott sich damit abgefunden, hat sich auf eine Bank gelegt und ist eingeschlafen. Und wenn der Küster nicht am anderen Morgen für den Sonntagsgottesdienst ein paar Kerzen ausgewechselt hätte, hätte der liebe Gott bis zu Mittag durchgeschlafen. Der Küster legte natürlich sofort los: „He, nichts da! Komm hier! Penner können wir da nicht gebrauchen, weißt du, und Junkies schon gar nicht.“ Der liebe Gott entschuldigte sich vielmals, verbeugte sich ein paarmal und zog sich dann auf Zehenspitzen ganz leicht tänzelnd zurück und dann entschloß er sich doch, eines von seinen Wundern zu tun, nämlich umgekehrt, den Küster einzuschließen, und zwar ohne Schlüssel, so einzuschließen, daß der so ohne weiteres nicht mehr aus der Kirche rauskam, wenn nicht der Gottesdienst gewesen wäre und der Pfarrer nicht mehrere Schlüssel gehabt hätte. Seit der Zeit steht die evangelisch/katholische Kirche in Dietersbrunn Tag und Nacht offen. Und es tummeln sich auch manchmal Obdachlose und Landstreicher fröhlich dort herum und neuerdings werden dort auch Menschen aller Arten, die abgeschoben werden sollen, untergebracht und von vielen Menschen beschützt. Der liebe Gott hat seine Freude daran. Denn er liebt die, die Widerstand leisten und nicht zu allem Ja und Amen sagen, sondern zu dem meisten Nein und Alleluja. Bitte weitersagen!

Ich habe übrigens seit einiger Zeit, muß ich sagen, das Gefühl, daß ich einen Leibwächter habe. Ich weiß es nicht genau, nicht daß ich um mein Leben fürchte, nein, nein, aber als ich den lieben Gott, den ich vor ein paar Wochen wieder einmal in Dinslaken in unserem Stehbistro in der Neustraße getroffen habe, als ich ihm davon erzählte, sagte er nur: „Kann schon möglich sein, ich hab im Moment den Überblick nicht, aber es könnte ein Schutzengel sein. Nein", sagte er „auf die Gefahr hin, daß ich lüge, nein, das wüßte ich, das hätte der Petrus mir gesagt. Die Sache kann aber auch liegen geblieben sein in den Akten, wir sind ziemlich überlastet, verstehst du?" „Ja, natürlich", sagte ich, „das verstehe ich schon, ich kenne das ja auch." „Wie benimmt er sich denn?", fragte der liebe Gott. „Ach", sagte ich, „eigentlich ganz manierlich. Manchmal ist er wie ein Detektiv hinter mir her, versteckt sich, aber bleibt immer hinter mir, überquert die Straße und geht dann auf gleichem Weg auf der anderen Seite weiter, beobachtet mich dann durch die Schaufensterscheiben schräg hindurch, bleibt stehen, wenn ich stehen bleibe, und tut dann aber immer ganz unauffällig. Also wie im Krimi." „Ja, ja," sagte der liebe Gott schmunzelnd „genau, das hat er bei mir gelernt." „Sollte es vielleicht doch ein Schutzengel sein?", fragte ich. „Was hat er denn an?" „Er sieht ein bißchen ärmlich bis verwahrlost aus, trägt meist einen dunklen zerbeulten Hut und einen ziemlich langen Mantel, hat aber keine Flügel. Und wenn er den Hut absetzt, dann sieht man sein langes, volles, dunkelblondes Haar." „Das ist der Michael oder Raphael", sagte der liebe Gott. „Nein, nein", sagte ich „Michael, der wohnt doch bei uns am Ende der Straße, Raphael ist doch der Luftikus unter den Engeln, nein, nein, mein Leibwächter, der wohnt manchmal in einem alten, zerfallenen Haus mit einem Hund, einem Mischling, einem Schäfer-Labrador, und gehe ich in ein Menschengewühl, dann dauert es nicht lange, und der Hund ist an meiner Seite und ich weiß, mein Leibwächter ist mir auf den Fersen. Neulich hat mir der Hund die Hand auf die Schulter gelegt und richtig verlegen gesagt: ‚Fürchtet euch nicht', und ich war nicht wenig verlegen." „Das muß ein ganz neuer Engel sein", sagte der liebe Gott, „und er hat keine Flügel, sagst du?" „Jedenfalls nicht, wenn ich ihn sehe. Neulich, als ich zwei Treppenstufen beinahe runtergestolpert wäre, ich sehe zur Zeit nicht gut, hat er mich beim Runtergehen beim Mantelkragen festgehalten und nur ‚nichts für ungut' gesagt." „Das hat er auch bei mir gelernt", sagte der liebe Gott, „also wenn ich nur wüßte, wer dieser Bursche ist." „Allerdings", sagte ich jetzt, „an Weihnachten oder so, davor oder danach, ist nichts von ihm zu sehen. Auch der Hund ist nicht da, auch sein Licht brennt nicht, es ist nichts von ihm zu hören und zu sehen. Ich denke ja oft, er ist in dieser Zeit vielleicht in der Nähe von Bethlehem, mit Flügeln natürlich, die himmlischen Heerscharen brauchen ja auch mal Nachwuchs, und verkündet dort mit seinen Engeln die große Freude, und während die anderen zum Himmel fliegen, kommt er auf die Erde zurück und dort beschäftigst du ihn als Schutzengel, damit wir gut behütet bleiben." Der liebe Gott guckte zum Fenster raus und sagte mit dem süffisantesten Lächeln, das ich je gesehen habe: „Das hat was. Also, ich gehe jetzt nach Hause" – und er meinte den Himmel – „werde mit Petrus ein Stück Christstollen essen und werde ihn fragen, wer denn dieser ehrenamtliche Landstreicher sei, dem er ohne mein Wissen einfach Flügel verliehen hat. Ich bin gespannt, was Petrus für ein Gesicht macht und was er wieder für eine Ausrede hat, ehe der Hahn kräht dreimal usw., du weißt Bescheid", sagte der liebe Gott augenzwinkernd und verschwand wie immer schlagartig. Und ich sagte frei nach Luther: „Hier sitze ich, ich kann's nicht ändern". Als ich zur Bistrotür schaute, sah ich den Hund reinkommen.

Es war einmal ein kleiner Planet, er hieß Terra. Und seine Lieblingsmelodie war „Was blasen die Trompeten". Er stolzierte mit wuchtigem Gang durch den Äther und sagte überall „My name is terra, and I'm the biggest baseball of the world." Die anderen Planeten sagten: „Terra, du bist ein toller Kerl, wir sind gespannt, wo du noch landen wirst." Terra sagte: „Noch fünfzig Jahre, und ich stecke euch alle in die Tasche." Die anderen Planeten wurden neidisch und berieten, wie sie Terra zuvorkommen könnten. Der Mond sagte: „Ich opfere mich, mich soll er zuerst in die Tasche stecken. Wie ein trojanisches Pferd werde ich dann von innen über ihn herfallen." „Bravo, bravo", riefen die anderen „wir haben nichts zu verlieren, nur zu, deshalb ist die Sache schon fast entschieden." Aber Terra sollte den Mond nicht in die Tasche stecken. Es kam alles ganz anders als er es sich erträumt hatte. Terra wurde krank, richtete sich so zugrunde, daß keiner ihn wiedererkannte, wenn er an ihm vorüberging. Er hatte große Brandwunden an Händen und Füßen, konnte kaum gehen und sprach ein merkwürdiges Gemisch aus Chinesisch und Amerikanisch. Nur der Mond, der ihn ja von frühester Jugend her kannte, merkte, daß es Terra war, der seine Haut, seine Sprache und seine letzten Kräfte zu Markte getragen hatte. Der Mond rief die anderen Planeten und Fixsterne und rief: „Wir sind arm, er ist noch relativ reich, kann aber nichts damit anfangen." Und sie gingen hin und stellten sich an den Weg, den Terra ging, alle 500 Meter stand ein Planet und sagte: „Terra, du hast noch zwei Atombomben, gib eine ab. Terra, du hast noch zwei politische Meinungen, gib mir eine. Terra, ich bin völlig öd und leer, gib mir den Rest deiner Wolkenkratzer. Terra, ich bitte dich, gib uns deine Eitelkeit, du bist alt, gib uns deine Geschichte, deine Vorurteile, deinen Haß und deine Ungerechtigkeit." Und siehe da, Terra verschenkte alles, was er besaß an die Planeten, die sich herumbalgten, als hätten sie das große Los gezogen. Terra aber wanderte weiter auf seinem Weg, ohne Besitz, ohne Macht und ohne Gewalt, wurde nach vielen, vielen Jahren wieder gesund und heiratete den Himmel und alles, was darüber ist.

Es war einmal ein kleiner Planet, der hieß Terra, seine Lieblingsmelodie war: „Laßt blasen die Trompeten" – und wenn er nicht gestorben wäre, dann könnten wir heute alle in Frieden leben.

Frieden fängt beim Frühstück an.
Breitet seine Flügel,
fliegt dann durch die Straßen,
setzt sich auf die Dächer dann,
großer Sehnsuchtsvogel,
breitet seine Flügel aus,

daß Friede sei in jedem Haus.
Opa wiegt das Enkelkind,
auf den alten Knien,
zeigt dem Kind den Vogelflug,
wie der Knecht den Herrn ertrug,
und der Vogel fliegt sich wund,
von Bucht zu Bucht, von Sund zu Sund,
trägt sein Zeichen vor sich her,
von Land zu Land, von Meer zu Meer.
Daß der Mensch sein Leid erkennt,
von Kontinent zu Kontinent,
bis die Taube nicht mehr kann.
Frieden fängt beim Frühstück an.

Meine Freunde und Freundinnen in Christo, es tut gut, euch hier zu wissen. Die Kleinsten und die Großen, die Jüngsten und die Ältesten, die Dicken und die Dünnen, die Schwachen und die Stärkeren, die Gesunden und die Gebrechlichen, vielleicht auch die Gläubigen und die Ungläubigen, die Musikanten und die Poeten, die alles umfassenden Katholiken und die weltumtriebenen Protestanten, die Trauernden und die Fröhlichen, hier euch alle beieinander zu sehen in der Furcht und in der Freude.

Das alles macht es mir schon leichter, einen alten Gedanken neu zu beschreiben, von einem Vorhaben noch rasch zu erzählen, das ich immer schon mal praktizieren wollte, nämlich dem Menschen sein Werden und Wachsen als einziges Thema zu zeigen und zu zitieren. Das heißt, alles andere ist nicht von Belang, ist nicht von Bestand oder, wie sagt man, „saisonal" bedingt, hat keine Dauer und keine Würde, ist flüchtig und kosmetisch, wenn auch im Augenblick sicherlich nötig, macht aber keinen Eindruck und keinen Ausdruck.

Ich wollte immer schon mal Menschen porträtieren von Anfang an, von der Geburt, vom ersten Jahr bis zum siebzigsten, bis zum achtzigsten Jahr, bis zum Ende. Von jedem Jahr ein Foto, ein Gesicht, ein Bild, ein Gedanke. Das Leben eines Menschen begleiten und ihn beobachten, wie seine Seele arbeitet, seine Ohren wachsen, was er auf seinen Schultern trägt, erträgt und nicht erträgt, von jedem Jahr ein Bild, einen Ausschnitt, auf dem sehen wir uns von Anfang an, wie wir uns entfernen und auf das Ende zuwandern, wie sich Haut und Haare verändern, Hand und Fuß vergrößern, Augen und Zähne sich vollenden, wie sich die Unschuld langsam oder auch plötzlich in Schuld verwandelt, wie der Kummer wächst oder das Glück auf der Nasenspitze sitzt. Wir sehen von klein auf, wie das lachende Kind ganz langsam in den schüchternen Schüler übergeht, wie der Schüler unter den Sommersprossen leidet, wie das lachende Kind in die Welt guckt, als wollte es sagen: „Ihr könnt mir viel erzählen", wie in den Schläfen aber schon die Krankheiten pulsieren, die Adern deutlicher werden, wie um den Mund sich ein Kräuseln entwickelt und wie der Mund dann herber und herber wird. Ich wollte dies immer mal machen, eine Ausstellung, wie ein Mensch wächst, blüht und gedeiht, älter wird, alt und klein, aber gewachsen ist, aufgewachsen, erwachsen ist, wie er seinen Halt gemacht hat und weiter sucht. Wie die junge Frau aufblüht und voller Hoffnung ist, und auf einmal Grübchen – die Spucknäpfe Amors, sagte mir ein Professor – bekommt, und wie die Welt sich in die Gedanken hineinmischt und die Kleidung plötzlich dunkler und der Tag trostloser und wie alles sich dreht und die Vernunft sich wehrt und hinter der Stirn der Mensch ein anderer wird, ‚kommt in die Jahre', sagen die Nachbarn. Ja, kommt in die Jahre – sehen selber nicht viel anders aus, verwüstet, verwahrlost –, dennoch ziehen Schönheit und Güte in manches Gesicht ein. Gemüt kommt auf wie eine Serenade, wer aufgibt, wächst nicht mehr. Erst wenn alles getan, alles ertragen, alles gesehen und alles gelebt ist, sind wir dem Himmel am nächsten und können unsere Rechenschieberwerke vergessen. Denn unsere Maßstäbe taugen da nichts mehr. Gott mißt mit anderen Ellen und läßt uns bis in den Himmel wachsen, wenn wir unsere Stäbe zerbrechen, und in des Menschen Gesicht, in seine Seele ziehen Stille und Frieden ein. Uralt und urjung sind wir dann, und die Kraft des Heiligen Geistes wird mit uns sein, bis an das Ende.

Wenn wir nicht werden wie die Landstreicher und die Obdachlosen und uns nicht auf die Seite der gefolterten Kinder, der gequälten Tiere schlagen, dann sehe ich sehr schwarz für Jakobs Hochzeit und für Marthas Enkel. Jedes Kinderweinen erinnert mich an die Weltgeschichte. Jedes verlorengegangene Tier erinnert mich an die Suchexpeditionen des Menschen in Urwäldern und Eiswüsten. Jeder verletzte Vogel zwingt mich, Erbarmen zu haben mit allen Geschöpfen. Täuschungen und Enttäuschungen sind zu bestehen und zu überwinden, müssen angenommen und hingenommen werden und verwandelt werden in Haltung und Heilung. Das Kleine wird groß und das Große wird klein, und das Gehen wird leichter und die Sicht freier und der Atem heiter. Und wir schreiten zu einer Sarabande zwischen Himmel und Erde, als wäre es eine Straße und ein Dach, das sich öffnet, auf daß alle, die sich da hinschleppen, neue Hoffnung haben und neuen Mut bekommen. Aus dem lachenden Kind ist ein heiterer Greis geworden, aus der fröhlichen Frau eine starke Familienkönigin. Die Lauten haben das Leise entdeckt und die Leisen sind große Redner geworden. Die Altersfalten und Fältchen an Haupt und Händen werden wie Schmuck getragen und erzählen Geschichten vom Leben und Leiden, vom Glück, von der Liebe, vom Streit und von den Krankheiten und den Verlusten, von den Tagen und Nächten. Vieles ist untergegangen, aber jetzt plötzlich sichtbar. Der Mensch ist gewachsen, aufgewachsen und Gott der Herr holt ihn jetzt in seine Nähe und hat seine Freude an ihm. Seinen Menschen, den er gemacht hat vor langer Zeit, mit allem, was wir Anfang und Ende, Kommen und Gehen nennen. So groß sind wir geworden, und sind vor Gott so klein, aber er liebt uns, weil er allumfassend weiß, wir leben und sterben. Und er nimmt uns in seine Arme und schenkt uns ein Wiedersehen mit allen, die wir lieben und geliebt haben, die wir suchen und finden, weil Gottes Geschichte länger währt als die Weltgeschichte, weil Jesu Himmelfahrt älter ist als die Raumfahrt, weil wir wachsen, blühen und gedeihen, älter werden, aber durch den Tod hindurch weiterwachsen zu Jesus, der sich bis ans Ende der Welt unser erinnert, unser erbarmt und uns erlöst. Jetzt und immerdar.

Ich stehe unter Gottes Schutz, er läßt mich nicht in die Leere laufen, macht aus mir keinen Kriegsknecht, sondern so wie ich bin, bin ich sein Mensch. Ich suche den Frieden und will mich nicht ausruhen, ihn mit allen zu finden, auch mit denen, die noch unter den Waffen stehen, anzünden unsere Erde, die nicht hohl ist, sondern Gottes Herz.

Ich stehe unter Gottes Schutz und weiß seit geraumer Zeit, er nahm den Gram und das Bittere aus meinem Wesen, machte mich fröhlich und ich will hingehen, alle anzustecken mit Freude und mit Freundlichkeit, auf daß sie alle ein Herz und eine Seele werden, ein Gemüt und ein Gedanke, durch seinen Frieden, unseren Glauben. Shalom in Dorf und Stadt.

Nun wanderst du,
setzt den Fuß aufs Ländliche,
das dich und dein Gemüt behält,
der Riesenwahn, das Unverständliche,
sie fliehen vor deinem Gang,
und Feld und Flur
begegnen dir so schwesterlich
so alt und ungebrochen,
als hätten Tier und Pflanze
das erste Wort gesprochen.
Ich bin mit meinem Gott vereint,
bin das Kind, das lacht und weint.
Er ist mein Trost und Trutz,
läßt mich unermüdlich hoffen,
läßt mich dulden, glauben, lieben,
er hält für mich den Himmel offen.
Es kann mich nichts betrüben.
Ich preise ihn,
und hör nicht auf zu danken
und zu loben ihn.
In seiner Welt ich singen kann,
gekommen bin und wieder gehe,
und doch in seiner Schöpfung bleibe,
als sein Geschöpf und sein Phantast
mit Beinen und mit Armen,
und für Versöhnung streite,
für Nachsicht, Freundlichkeit und Güte,
Geduld und für Erbarmen.
Herr, hilf uns, sei uns allen gnädig,
wir bitten dich, Amen.

Ich habe, meine Freunde und Freundinnen, für den letzten katholischen Kirchentag den Text für ein Lied geschrieben, ich kann es jetzt nicht singen, dazu würde mir meine Orgel fehlen, aber den Text, den kann ich Ihnen vortragen.

Es heißt: „Die Hoffnung"

Wir sind Phantasten des Herrn
und tragen das Kreuz als Krone,
daß Hoffnung lebt auf jedem Stern
und Freundschaft in uns wohne.
Zeige dein Lächeln, zeig dein Gesicht,
Christus ist mit uns, fürchte dich nicht.
Wir sind die Hoffnung, er ist das Licht,
es zieht ein Leuchten in unser Gesicht.
Daß alle Furcht von dannen zieht,
singen wir täglich dieses Lied.
Die Hoffnung kommt, die Hoffnung kommt,
die Hoffnung fliegt,
von Stadt zu Stadt, von Land zu Land,
und die Hoffnung siegt.
Die Hoffnung ist Christus, Jesus allein,
die Hoffnung der Sinn und Christus das Sein.
Die Hoffnung kommt, die Hoffnung kommt,
die Hoffnung fliegt,
von Stadt zu Stadt, von Land zu Land,
und die Hoffnung siegt.
Wir sind Phantasten des Herrn,
und tragen das Kreuz als Krone,
daß Hoffnung lebt auf jedem Stern,
und Freundschaft in uns wohne.
Zeig deine Freude, teile dein Glück,
laß keinen Menschen ängstlich zurück.
Hebe ihn auf, nimm seine Hand,
sag ihm: Die Hoffnung zieht durch das Land.
Die Hoffnung, der Traum und die Zuversicht,
zeige dein Lächeln, zeig dein Gesicht.
Die Hoffnung kommt, die Hoffnung kommt,
die Hoffnung fliegt

von Stadt zu Stadt, von Land zu Land,
die Hoffnung siegt.
Die Hoffnung auf Christus, Jesus allein,
die Hoffnung der Sinn und Christus das Sein,
die Hoffnung kommt, die Hoffnung kommt,
die Hoffnung fliegt,
von Land zu Land, von Land zu Land,
von Fuß zu Fuß, von Berg zu Berg,
von Baum zu Baum, von Traum zu Traum,
die Hoffnung siegt.

Die Autoren

Emerich Coreth SJ, Prof. DDr., geb. 1919, war von 1955 bis 1989 Professor für Christliche Philosophie an der Theologischen Fakultät Innsbruck. Er war Rektor des Jesuitenkollegs in Innsbruck (1961–1967) und Provinzial der Österreichischen Ordensprovinz (1972–1977). Zur besonderen Würdigung seiner wissenschaftlichen Leistungen in Hinblick auf Theologie und Kirche wurde er mit dem Kardinal Innitzer Preis (1988) ausgezeichnet.

Jean Greisch, Prof. Dr., geb. 1942, ist Professor für Philosophie am Institut Catholique von Paris sowie Lehr- und Forschungsbeauftragter des CNRS (Husserl-Archiv, Paris). Er ist verantwortlicher Herausgeber der Reihe „Philosophie“ (Ed. du Cerf) und Mitglied des wissenschaftlichen Beirats der Zeitschriften „Studia hermeneutica“ und „Laval philosophique et théologique“.

Peter Henrici SJ, em. Weihbischof, Prof. Dr., geb. 1928, war von 1960 bis 1993 Professor für neuere Philosophiegeschichte an der Päpstlichen Universität Gregoriana in Rom. Von 1979 bis 1990 war er Gründer und erster Direktor des Centro Interdisciplinare sulla Communicazione Sociale. Seit 1983 ist er Mitherausgeber und internationaler Koordinator der Internationalen Katholischen Zeitschrift „Communio“. Von 1993 bis zum 31. März 2003 war er Weihbischof und Generalvikar des Bistums Chur mit Sitz in Zürich.

Hanns Dieter Hüsch, geb. 1925, einer der wichtigsten Vertreter des literarischen Kabaretts in Deutschland – mehrfach mit dem „Deutschen Kleinkunstpreis“ ausgezeichnet. Darüber hinaus Synchronsprecher, Fernsehschauspieler, Hörfunk-Kabarettist und erfolgreicher Buchautor.

Eberhard Jüngel, D.D., Prof. Dr. Dr. h.c., geb. 1934, war von 1966 bis 1969 Ordinarius für Systematische Theologie und Dogmengeschichte an der Universität Zürich. Seit 1969 Ordinarius für Systematische Theologie und Religionsphilosophie an der Universität Tübingen und Direktor des Instituts für Hermeneutik. Seit 1987 im Nebenamt Ephorus des Evangelischen Stifts Tübingen. Mitglied des Orden Pour le mérite für Wissenschaften und Künste. Mitglied mehrerer in- und ausländischer wissenschaftlicher Akademien.

Otto F. Kernberg, Prof. Dr., geb. 1928, Professor für Psychiatrie am Medical College der Cornell University sowie medizinischer Direktor am New York Presbyterian Hospital. Vorsitzender der Internationalen Psychoanalytischen Vereinigung und einer der herausragenden Psychoanalytiker unserer Zeit. Neben Praxis und Ausbildung widmet er sich auch intensiv der psychoanalytischen und psychoanalytisch-psychiatrischen Forschung und Theorie. Kernberg ist Ausbildungsanalytiker und Supervisor an der Columbia University.

Karl Kardinal Lehmann, geb. 1936, Dr. phil., Dr. theol., Dr. h.c. mult., lehrte als Professor für Dogmatik und Ökumenische Theologie an den Universitäten in Mainz und Freiburg. 1983 wurde er von Papst Johannes Paul II. zum Bischof von Mainz ernannt; seit 1987 hat er den Vorsitz der Deutschen Bischofskonferenz inne. 2001 ernannte ihn Papst Johannes Paul II. zum Kardinal.

Peter Reifenberg, PD Dr., geb. 1956, ist Direktor der katholischen Akademie und des Tagungs- und Bildungszentrums „Erbacher Hof“ in Mainz. Er lehrt Moraltheologie an der Universität Freiburg.

Jörg Splett, Prof. Dr., geb. 1936, Professor für Philosophische Anthropologie und Religionsphilosophie an der Philosophisch-Theologischen Hochschule St. Georgen in Frankfurt am Main und der Hochschule für Philosophie in München.